Ο δρόμος της λήθης
Ο μικρόκοσμος
μέσα στον μακρόκοσμο

Ο Αιώνιος Λόγος,
ο Ένας Θεός, το Ελεύθερο Πνεύμα,
μιλά μέσω της Γκαμπριέλε,
όπως μέσω
όλων των προφητών του Θεού –
Αβραάμ, Ιώβ, Μωυσής, Ηλίας, Ησαΐας,
Ιησούς από τη Ναζαρέτ,
ο Χριστός του Θεού

Ο δρόμος της λήθης

Ο μικρόκοσμος μέσα στον μακρόκοσμο

Gabriele

Gabriele-Verlag
Das Wort

Griechisch

1η έκδοση Νοέμβριος 2022
Εκδότης: © Gabriele-Verlag Das Wort GmbH
Max-Braun-Str. 2, 97828 Marktheidenfeld
Γερμανία
www.gabriele-verlag.com

Τίτλος πρωτότυπου στα γερμανικά:
»Der Weg des Vergessens -
Der Mikrokosmos im Makrokosmos«

Όλα τα διακοσμητικά γράμματα: © Gabriele-Verlag Das Wort

Εξουσιοδοτημένη μετάφραση: © Gabriele-Verlag Das Wort

Το παρόν βιβλίο είναι αυθεντικό στα γερμανικά.
Για τύχον απορίες ως προς το νόημα
απευθυνθείτε στη γερμανική έκδοση

Επιφυλάσσονται όλα τα δικαιώματα

Αριθμός βιβλίου: S348TBelPOD

ISBN 978-3-96446-373-9

Περιεχόμενα

Εισαγωγή 9

Καμιά ενέργεια δεν χάνεται –
Μα πού πάει; 17

Κάθε άνθρωπος είναι ένας μικρόκοσμος
μέσα στον μακρόκοσμο –
αποθηκεύουμε αδιάλειπτα............................ 24

Οι περιοχές κάθαρσης λεπτότερης ύλης είναι
τόποι διαμονής των ψυχών. Στο υπερπέραν
η ψυχή φέρει «τα ενδύματά» της. 34

«Είμαι ένας φιλοξενούμενος στη Γη» 40

Η τήρηση βιβλίων του Θεού – όλες οι
λεπτομέρειες καταχωρίζονται,
όλες οι μεταβολές επικαιροποιούνται. 45

Η μήτρα, ένα κουκούλι ακτινοβολίας
που εμείς δημιουργούμε για τον δρόμο της
ψυχής προς μια εκ νέου ενσάρκωση 47

Τα πάντα καταγράφονται με ακρίβεια –
γι' αυτό: αξιοποίησε τη στιγμή,
αξιοποίησε την ημέρα! 54

Στο Άπειρο δεν υπάρχει στασιμότητα.
Όλα είναι εν κινήσει – όλα καθοδηγούνται
και κατευθύνονται 57

Παραβάσεις ενάντια στην Κοσμική ζωή –
και οι συνέπειές τους 61

Κάθε άνθρωπος, κάθε ψυχή, έχει ελεύθερη
βούληση. Ο καθένας ξεχωριστά βαδίζει
τον δικό του, ατομικό δρόμο. 66

Η μετατροπή όσων είναι αρνητικά, βαριά
σε θετικές, ελαφριές, ισχυρές ενέργειες 69

Το αντιθετικό, στο οποίο εμπλέκονται πολλοί
άνθρωποι, απαρτίζει ένα ομαδικό κάρμα 71

Ο λεπτότερης ύλης και ο χονδροειδούς ύλης
μακρόκοσμος – η λειτουργία τους στα
Κοσμικά δρώμενα 74

Η παν-περιέχουσα δράση του αιώνιου
Πνεύματος, της Κοσμικής Παν-συνείδησης 77

Ο δρόμος της λήθης –
ο δρόμος της επιστροφής για κάθε ψυχή
προς την αιώνια ουράνια πατρίδα 85

Η διαδρομή της ψυχής μετά την αποβίωση
του φυσικού της σώματος 89

Μια απενσαρκωμένη ψυχή, δεμένη με το
άλλοτε περιβάλλον της 96

«Η ζωή που εγώ ο ίδιος επέλεξα» 34

Η πνευματική δομή του λεπτοφυούς
σώματος των θεϊκών όντων. Το επιβαρημένο
με αντιθετικές ενέργειες πνευματικό σώμα –
η ψυχή 103

Τα οδοιπορικά μονοπάτια της ψυχής 107

Μια ψυχή ενσαρκώνεται – άνθρωπος και
ψυχή κρίνονται με βάση τις θεϊκές αρχές των
Δέκα Εντολών και την επί του Όρους
Ομιλία του Ιησού 111

Ο δρόμος της επιστροφής κάθε ψυχής, κάθε
ανθρώπου, στο αιώνιο Είναι, μαζί με τον
Χριστό του Θεού 124

Επίλογος 128

Εισαγωγή

Στο παρόν βιβλίο θα μυηθούμε με μοναδικό τρόπο στις νομοτέλειες της ζωής, που μας ανοίγουν καινούριες διαστάσεις της ύπαρξης. Οι οικουμενικοί συσχετισμοί μεταξύ του μικρόκοσμου και του μακρόκοσμου αναπτύσσονται με τέτοιο τρόπο, ώστε να μας μεταδώσουν σφαιρικά τις νομοτελειακές διαδικασίες που αποτελούν τη βάση κάθε ζωής.

Όποιος όχι μόνο διαβάσει το περιεχόμενο αυτού του βιβλίου, αλλά και το συλλογιστεί και το συσχετίσει με όλα όσα του συμβαίνουν σε κάθε στιγμή, αυτός αποκτά πρόσβαση σε νέες πτυχές της γνώσης, η ευρείας κλίμακας σημασία των οποίων έχει ανείπωτη αξία για τη διαμόρφωση της ζωής του.

Μαθαίνουμε πως όλα όσα νιώθουμε, σκεφτόμαστε, λέμε και πράττουμε ως άνθρωποι, όχι μόνο αποθηκεύονται αδιάκοπα στον μικρόκοσμο «άνθρωπος», αλλά και βρίσκονται σε συνεχή επικοινωνία με άλλες πηγές αποθήκευσης στον χονδροειδούς ύλης μακρόκοσμο και πέρα από αυτόν σ' έναν μακρόκοσμο λεπτότερης ύλης.

Πέραν αυτού επωφελείται και η σύγχρονη επιστήμη από τις γνώσεις γύρω από την χωρητικότητα αποθήκευσης, την επικοινωνία και το νόμο εκπομπής και λήψης. Όπως ποτέ άλλοτε στην ιστορία της ανθρωπότητας, χρησιμοποιεί εκείνα τα βοηθήματα, τα οποία βασίζονται σε μια χοντροκομμένη απομίμηση, σε μια ανεστραμμένη χρήση των Κοσμικών νομοτελειών. Το διαδίκτυο προσφέρει δυνατότητες από τον αστρικό κόσμο, οι οποίες εν μέρει ανοίγουν αβύσσους. Κάποιοι χρήστες δημιουργούν για τον εαυτό τους στο διαδίκτυο τεχνητούς κόσμους, στους οποίους μπαίνουν για να ζήσουν στον εικονικό κόσμο της φαντασίας τους ένα είδος διπρόσωπης, δεύτερης ζωής, που δεν τους ανήκει.

Σ' αυτούς τους εικονικούς κόσμους, οι άνθρωποι ξεγελούν τον εαυτό τους μ' ένα μη πραγματικό, πλην όμως καινούργιο γι' αυτούς προφίλ προσωπικότητας, μια νέα ταυτότητα, η οποία δεν ταιριάζει στην πραγματική ανθρώπινη ταυτότητά τους. Διαμορφώνουν και αποθηκεύουν μια κατ' επιθυμίαν σύνθεση χαρακτηριστικών και ιδιοτήτων του χαρακτήρα κάποιας εικονικής προσωπικότητας, μέσω της οποίας στη συνέχεια κινούνται, όπως στη φυσική ζωή, και μέσω της οποίας επικοινωνούν και ενεργούν. Όλες οι κινήσεις τους, οι επικοινωνίες τους, όλα όσα διαδοχικά οικοδομούνται και συνεχώς επεκτείνονται, είναι αποθηκευμένα με ακρίβεια στο γιγαντιαίο σύστημα αποθήκευσης του διαδικτύου. Κάθε κίνηση αφήνει ίχνη, από τα οποία μπορούν ανά πάσα στιγμή να συναχθούν συμπεράσματα ως προς τον δημιουργό που έχει αποθηκεύσει αυτά τα περιεχόμενα στο διαδίκτυο.

Έτσι δημιουργείται ένα γιγαντιαίο πλήρως συνδεδεμένο δίκτυο επικοινωνίας και δεδομένων, στο οποίο σχηματίζονται δίκτυα σχέσεων όπου εικονικά πρόσωπα δραστηριοποιούνται, κινούνται, επικοινωνούν και ενεργούν, όπως ακριβώς και στον υλικό κόσμο. Όσο ρεαλιστικό κι αν αυτό φαίνεται στους χρήστες, ένα πράγμα μάλλον θα πρέπει να είναι σαφές στους ευθέως σκεπτόμενους ανθρώπους: αυτός ο ψευδόκοσμος δεν είναι πραγματικός και οδηγεί αργά ή γρήγορα σε σοβαρές επιπλοκές, διότι βρίσκεται στον αντίποδα της τρέχουσας προσωπικής ζωής του ανθρώπου. Αποκλείει την επικοινωνία με την ταυτότητα, την οποία φέρει μαζί της η ψυχή. Επιτρέψτε μου να πω: οι εικονικές κινήσεις είναι το κατακάθι του Σατανά. Ο δικός μας κόσμος έχει πλεχτεί με παρόμοιο τρόπο για εκείνους τους ανθρώπους που δεν γνωρίζουν τους εαυτούς τους.

Ελάχιστοι άνθρωποι ξέρουν ποιοι είναι, πόσο μάλλον από πού έρχονται και πού πηγαίνουν. Οι πιο πολλοί άνθρωποι ζουν τη ζωή τους στον ψευδόκοσμο της ύλης, σαν να πρόκειται για τη μοναδική πραγματικότητα.

Ο γνωστός καθηγητής φυσικής Χανς-Πέτερ Ντυρ έλεγε: «Η ύλη είναι σαν τη σκουριά του Πνεύματος». Η Φυσική γνωρίζει πως η ύλη είναι μόνο μια μορφή εκδήλωσης ενέργειας· πρόκειται για ενεργειακές δομές που υπόκεινται εξίσου σε μεταβολές, όπως μπορούμε να τις παρατηρήσουμε σε όλες τις μορφές ζωής. Η ύλη δεν έχει μόνιμη υπόσταση. Όποιος την θεωρεί ως το μόνο αληθές προσπερνά την πραγματική του ζωή.

Όπως μπορεί κανείς να ανακαλέσει στο διαδίκτυο τον εικονικό κόσμο από την αστρική πλευρά, έτσι και εκείνος ο άνθρωπος, που ζει ανέμελα, που αφήνεται παθητικά στην ροή της ζωής και δεν γνωρίζει ποιος είναι ο ίδιος, θα γίνει παίγνιο αντιθετικών δυνάμεων.

Άραγε, γνωρίζετε εσείς, γνωρίζουμε εμείς ποιοι είμαστε;

Κάποιοι ζουν ανέμελα, συχνά δεν ξέρουν τι εκτυλίσσεται πίσω από τα συναισθήματα και τις σκέψεις τους, με ποιον ακριβώς επικοινωνούν και συνδέονται. Πολλοί άνθρωποι μιλάνε, αλλά δεν εξετάζουν σε βάθος ποια αισθήματα και σκέψεις τους απασχολούν εκείνη την στιγμή. Ενεργούν, κι όμως δεν αναγνωρίζουν τα βαθύτερα κίνητρά τους.

Ωστόσο, ακόμα κι αν δεν το γνωρίζουμε, τα πάντα είναι αποθηκευμένα. Πού; Μεταξύ άλλων στα ουράνια σώματα.

Τα ουράνια σώματα δεν κατηγορούν. Καταδεικνύουν τα πράγματα. Η αλήθεια για τον καθένα από εμάς βρίσκεται στα άστρα. Τα ουράνια σώματα γνωρίζουν πέρα για πέρα τον καθένα μας· είμαστε γι’ αυτά ένα ανοικτό βιβλίο. Γνωρίζουμε τον εαυτό μας; Είμαστε ένα ανοικτό βιβλίο απέναντι στον ίδιο μας τον εαυτό; Αν ναι, τότε δεν έχουμε ανάγκη από τον εικονικό κόσμο, τον αστρικό κόσμο.

Τα άστρα μας ψυχολογούν! Ψυχολογούμε εμείς τον εαυτό μας, ο καθένας τον ίδιο του τον εαυτό; Δεν μπορούμε να ξεγελάσουμε τα ουράνια σώματα σε τίποτα, όπως για παράδειγμα, όταν προσποιούμαστε ότι είμαστε μεγαλόκαρδοι ή μετριόφρονες ή ένας καλοσυνάτος ευεργέτης ή ένας μονάρχης. Τους ανθρώπους μπορούμε να τους ξεγελάμε σε πολλά πράγματα. Ωστόσο, τα ουράνια σώματα μας υποδεικνύουν το προσωπείο και την προσποίησή μας, διότι τα άστρα δεν λένε ψέματα. Για πολλούς θα είναι πικρό να δουν κάποια μέρα τον εαυτό τους αμακιγιάριστο, είτε ως άνθρωπο είτε ως ψυχή. Όσο πολύ κι αν θέλουμε να παριστάνουμε τον ευεργέτη, τον μεγαλόκαρδο στον εδώ κόσμο· ενδεχομένως, όταν πέσουν οι μάσκες, οι ψυχές μας να φτάσουν στο υπερπέραν ως σαλτιμπάγκοι. Διότι το σατανικό είναι σαλτιμπάγκος και ξεγελά αρκετούς.

Όμως, η τήρηση βιβλίων της Παν-συνείδησης, του Κοσμικού Είναι, είναι επακριβής και δίκαιη.

Όσα περιγράφονται στο παρόν βιβλίο είναι πραγματικά. Είτε θέλουμε να το αποδεχτούμε ή όχι, είτε το συλλογιστούμε ή όχι, είτε το παραμερίσουμε και το αψηφήσουμε ή όχι, ο καθένας μας κάποτε θα το βιώσει, το αργότερο όταν κλείσει τα γήινα μάτια του και συνειδητοποιήσει ότι πίσω από την επίγεια ζωή που του φαινόταν τόσο πραγματική δρα μια άλλη πραγματικότητα. Αυτή η πραγματικότητα ανοίγεται βήμα-βήμα σε κάθε ψυχή το αργότερο όταν η ψυχή αναγνωρίσει και διευθετήσει, δηλαδή παραδώσει στον Κοσμικό μετασχηματισμό, τις αποθηκεύσεις, ήτοι αιτίες, που έχει δημιουργήσει το ανθρώπινο περίβλημά της. Μ' αυτό τον

τρόπο, η ψυχή αναπτύσσεται στο δρόμο της λή-
θης, εμπεδώνοντας εκείνες τις νομοτέλειες της
ζωής, που συνάδουν με τη μία και μόνη πραγ-
ματικότητα, την αιώνια πατρίδα του αληθινού
μας Είναι.

Μάρτιν Κύμπλι

Καμιά ενέργεια δεν χάνεται –
Μα πού πάει;

«Ο δρόμος της λήθης» - ένα συναρπαστικό θέμα, διότι η έκφραση «Ο μικρόκοσμος μέσα στο μακρόκοσμο» δεν εξαιρεί κανέναν.

Εκ προοιμίου, κάποια ερωτήματα:

Κάθε άνθρωπος έχει το προσωπικό του παρελθόν. Αν συλλογιστούμε το παρελθόν μας, θα διαπιστώσουμε ότι δεν μπορούμε πια να θυμηθούμε πολλές λεπτομέρειες. Λέμε ορθά-κοφτά: «περασμένα ξεχασμένα». Αφού όμως καμία ενέργεια δεν χάνεται, τι απέγιναν τότε οι ενέργειες π.χ. τα αισθήματα, τα συναισθήματα, οι σκέψεις και τα λόγια μας, όλα τα θετικά και αρνητικά στην ζωή μας, καθώς και οι συνήθειές μας, δηλαδή όλα τα πρότυπα συμπεριφοράς μας, όλα όσα εντάσσουμε στην κατηγορία «ξεχασμένα» ή «περασμένα»;

Το αν οι άνθρωποι που προσβάλαμε ή ακόμη και βλάψαμε μας συγχώρεσαν ή ενδεχομένως ακόμα υποφέρουν από αυτό, συχνά το παραμερίζουμε ως κάτι μηδαμινό. Όμως αυτό που δεν έχει διορθωθεί, δηλαδή δεν έχει συγχωρεθεί, παραμένει υπαρκτό, έστω και αν έχουμε ξεχάσει τις αδιευκρίνιστες καταστάσεις. Εμείς οι άνθρωποι προσπερνάμε πολύ εύκολα τον παράγοντα «ενέργεια» - όμως κάθε ενέργεια που πηγάζει από τον καθένα μας, παραμένει υπαρκτή· είναι αποθηκευμένη μέσα μας, μέσα στο μικρόκοσμο και μέσα στο μακρόκοσμο.

Οι άνθρωποι που δυσκολεύονται να ξεπεράσουν π.χ. ένα χτύπημα της μοίρας, ακούνε συχνά από γνωστούς τη ρήση: «Ο χρόνος θεραπεύει πολλές πληγές !»

Ω, ναι! Αλλά μόνο όταν δεν έχουμε αφήσει καμιά πληγή, καμιά ενοχή στον άλλο.

Ο Ιησούς από τη Ναζαρέτ δίδαξε στους ανθρώπους όλων των γενεών το εξής: «Συμφιλιώσου με τον αντίδικό σου χωρίς δισταγμό, όσο είσαι ακόμα μαζί του στο δρόμο προς το δικαστήριο. Αλλιώς ο αντίδικός σου θα σε οδηγήσει μπροστά στον δικαστή και ο δικαστής θα σε παραδώσει στο δεσμοφύλακα και θα ριχθείς στη φυλακή.»

«Αλλιώς ο αντίδικός σου θα σε οδηγήσει μπροστά στον δικαστή.» Ποιος είναι ο δικαστής; Είναι πάντα ο νόμος σποράς και θερισμού.

«... και ο δικαστής θα σε παραδώσει στο δεσμοφύλακα.» Ο δεσμοφύλακας είμαστε εμείς οι ίδιοι· εμείς εισάγουμε τις αιτίες στο σώμα μας και στην ψυχή μας. Αυτό μπορεί να σημαίνει για μας κάτι σαν φυλακή, όταν οι αιτίες αρχίζουν να επιδρούν.

Η επιστήμη μας διδάσκει, και επειδή το διδάσκει η επιστήμη πολλοί άνθρωποι το θεωρούν δεδομένο: τα πάντα είναι ενέργεια και καμία ενέργεια δεν χάνεται. Αφού οι ενέργειες δεν χάνονται, τι απέγιναν οι διαφορετικοί βαθμοί δόνησης των ενεργειών; Πού αποθηκεύτηκαν και πού αποθηκεύονται; Ένα από τα πολλά σχόλια θα μπορούσε να είναι: «Μα δεν είναι δυνατόν να θυμάται κανείς καθετί ασήμαντο, όλες τις λεπτομέρειες ή καταστάσεις σχετικά με τους άλλους! Ποιος το μπορεί;!» Σωστά! Ποιος το μπορεί; Ωστόσο, ο καθένας μας έχει στη μνήμη του διάφορα γεγονότα π.χ ορισμένες καταστάσεις που οδήγησαν σ' ένα δυσάρεστο διαπληκτισμό με τον γείτονα, πολλές φορές μόνο μικροζητήματα που όμως δεν έχουν διευθετηθεί. Ή μας έρχονται περιστατικά που μας απασχολούσαν νοερά για μεγαλύτερο χρονικό διάστημα, κάτι που συζητούσαμε κάθε λίγο και λιγάκι με φίλους και γνωστούς. Ή πάλι έρχονται στο νου μας αλλοτινές διενέξεις με τον συνάδελφό μας, και άλλα πολλά.

Μερικά πράγματα χάθηκαν από το οπτικό μας πεδίο, καθώς αλλάζαμε τον τόπο κατοικίας μας. Μετακομίσαμε σε άλλη πόλη και φαινομενικά αφήσαμε πίσω μας όλες τις διχόνοιες και τις διαμάχες για συχνά ασήμαντα ζητήματα. Το τι τυχόν σκεφτόταν ο εμπλεκόμενος γείτονας ή ο συνάδελφος, το εάν κατάφερε να ξεπεράσει όσα οδήγησαν σε διχόνοιες, διένεξεις και επικρίσεις, το ξέχασαν συχνά πολύ πρόθυμα εκείνοι που μετοίκησαν. Ο άνθρωπος, εν γένει, παραμερίζει πολύ γρήγορα πολλές περιστάσεις και συμβάντα που φέρνει η καθημερινότητα λέγοντας συνθηματικά: «Μάτια που δεν βλέπονται, γρήγορα λησμονιούνται!». Όμως, τα πάντα είναι ενέργεια. Τι απέγινε η ενέργεια των αδιευθέτητων, ανεξόφλητων και ανεξιλέωτων παρεκτροπών του εγώ, αφού τα πάντα, πραγματικά τα πάντα, είναι ενέργεια;

Κάτι παρόμοιο ισχύει και για όσα μας αναπτερώνουν, όπως για παράδειγμα το αίσθημα ευτυχίας, όταν πήραμε το απολυτήριο λυκείου «με καλό βαθμό» ή η χαρά για τη δουλειά που μας προσφέρθηκε και την οποία αναλάβαμε – φυσικά με την προοπτική επαγγελματικής ανόδου, κάτι που μας επιτρέπει σήμερα, σε προχωρημένη ηλικία, να ζούμε καλά. Κάποιος άλλος πάλι απολαμβάνει αυτάρεσκα διάφορες αναμνήσεις διακοπών ή εκθειάζει μέχρι και τώρα τη συγκυρία της συνάντησης με ανθρώπους, η οποία του απέφερε απρόσμενα πλεονεκτήματα στην περαιτέρω επίγεια ζωή του, και άλλα πολλά. Κάθε άνθρωπος έχει το παρελθόν του και ο καθένας μας θυμάται εκείνο που τον απασχόλησε για μεγαλύτερο χρονικό διάστημα, κυρίως εκείνο που του ήταν ωφέλιμο.

Αυτό που μας προκάλεσε μεγάλη συγκίνηση στο παρελθόν, όπως π.χ. χαρά, επαγγελματικά πλεονεκτήματα και βιώματα διακοπών, όμως επίσης και αγανάκτηση, πένθος, λύπη, ατυχία, όλα αυτά και άλλα πολλά ανήκουν στην επίγεια ζωή του καθενός. Πολύ εντυπωσιακά και παρατεταμένα συμβάντα και καταστάσεις διατηρούνται, λοιπόν, στη μνήμη μας και συχνά είναι ακόμα παρόντα, αφού κάθε λίγο και λιγάκι μιλάμε γι' αυτά που σημάδεψαν την επίγεια ζωή μας. Ακόμα κι αν δεν θυμόμαστε πια όλες τις λεπτομέρειες όσων βρίσκονται ακόμα ενώπιόν μας σαν εικόνες, η συνολική εντύπωση διατηρείται. Τα ευχάριστα, όπως επίσης και αυτά που στη ζωή μας δεν ήταν εντάξει και δεν εξελίχθηκαν όπως έπρεπε για το σκοπό μας, παραμένουν αποθηκευμένα μέσα μας.

Αν τα πάντα είναι ενέργεια, τότε παράγουμε συνεχώς μέσα μας περαιτέρω ενέργειες που ενδεχομένως θα μετατραπούν σε ολόκληρα συμπλέγματα, επειδή σκεφτόμαστε ξανά και ξανά τα ίδια ή μιλάμε για τα ίδια. Για παράδειγμα είναι ακόμα ζωντανές μπροστά στα μάτια μας έντονες συζητήσεις π.χ μια φιλονικία από την οποία αναπτύχθηκε μια εχθρότητα. Δεν μπορούμε να τις ξεχάσουμε μέχρι και σήμερα, επειδή είμαστε της άποψης ότι φταίει ο άλλος και είναι ασυμφιλίωτος.

Εν κατακλείδι, μπορούμε να πούμε: Θυμόμαστε κυρίως αυτά που είναι ναι μεν χαραγμένα στο συναισθηματικό μας πεδίο, αλλά βρίσκονται ακόμα στην ενεργό μας συνείδηση, δηλαδή αυτά που μας έκαναν να αντιδράσουμε συναισθηματικά με χαρά ή με οξύθυμη αγανάκτηση και που πότε πότε μας συγκίνησαν. Στα υπέρ και στα κατά, πάντως, είχαμε ανάμειξη και έχουμε ακόμα μέχρι και σήμερα, επειδή παράγουμε ενέργειες μέσω των σκέψεων και των λόγων μας. Έτσι λοιπόν, αντιδρούμε και δρούμε. Αποθηκεύουμε επίσης ενέργειες, όταν ήμασταν εξυπηρετικοί και συνεισφέραμε σε μια καλή συνεννόηση. Το ίδιο ισχύει, όταν ήμασταν μοχθηροί και θυμωμένοι, ιδιαίτερα όταν σε κάποια υπόθεση ή κάποιο ζήτημα αμφισβητήθηκε η θέση μας.

Κάθε άνθρωπος είναι ένας μικρόκοσμος μέσα στον μακρόκοσμο – αποθηκεύουμε αδιάλειπτα

Αν θεωρήσουμε λοιπόν δεδομένο ότι καμία ενέργεια δεν χάνεται, τότε κάθε κατάσταση και κάθε υπόθεση, όλα τα υπέρ και τα κατά στην επίγεια ζωή μας είναι αποθηκευμένα – είτε τα θυμόμαστε είτε όχι. Όλα, μα όλα όσα μας αφορούν, σημαδεύουν τη συνείδησή μας. Απ' αυτά αναπτύσσεται ο χαρακτήρας μας, που μας διαμορφώνει και καθορίζει τη σκέψη και τη δράση μας. Θα μπορούσε να διερωτηθεί κανείς: Θα μείνουν μαζί μας σαν εικόνες όλες οι συγκινήσεις και ροπές μας, όπως π.χ. η αγανάκτηση με τους άλλους, όλες οι χαρές και όλα τα δεινά, η κακοτυχία και η ευτυχία; Και πού βρίσκονται αποθηκευμένα όλα αυτά, αφού δεν χάνεται καμία ενέργεια;

Ας συνειδητοποιήσουμε και πάλι: Τα πάντα είναι ενέργεια. Εμείς σκεφτόμαστε, σκεφτόμαστε, μιλάμε, μιλάμε, πράττουμε και πράττουμε· όλα, μα όλα, είναι ενέργεια. Αυτή εκπορεύεται από μας, μπαίνει μέσα μας και αποθηκεύεται. Εξ ου και το θέμα: ο μικρόκοσμος μέσα στον μακρόκοσμο. Εσείς και όλοι εμείς είμαστε ένας μικρόκοσμος. Αποθηκεύουμε ακατάπαυστα τους εαυτούς μας σε πλανητικούς αστερισμούς του υλικού μακρόκοσμου και πέρα από αυτόν.

Τις παρακάτω αναπτυχθείσες νομοτέλειες από τον Κοσμικό Παν-νόμο – ο οποίος είναι το ανεξάντλητο, απαραβίαστο, ανεξερεύνητο από εμάς τους ανθρώπους, αιώνια σταθερό Πνεύμα του Απείρου – μπορούμε να τις κατανοήσουμε παραστατικά με τη βοήθεια ενός παραδείγματος από τη σύγχρονη τεχνολογία:

Για πολλούς ανθρώπους είναι αυτονόητο ότι αφήνονται να καθοδηγηθούν από ένα σύστημα πλοήγησης στο αυτοκίνητό τους. Εισάγοντας έναν οποιοδήποτε προορισμό, βασίζονται στο ότι το σύστημα πλοήγησης θα τους καθοδηγήσει με ασφάλεια στον προορισμό τους. Μόλις τεθεί σε λειτουργία το σύστημα πλοήγησης καθορίζεται ο προορισμός και με τις κεραίες του οχήματος το σύστημα μπαίνει σε επικοινωνία με τους αντίστοιχους δορυφόρους, οι οποίοι σε οποιαδήποτε χρονική στιγμή, μέσω των συντεταγμένων, καταγράφουν τη θέση του οχήματος και το συνοδεύουν συνεχώς σε όλες τις μετακινήσεις του. Με κάθε μετακίνηση, οι δορυφόροι προσαρμόζονται στο να αποθηκεύουν και να αναλύουν, για να προτείνουν επικαιροποιημένα δεδομένα διαδρομής βάσει προκαθορισμένου λογισμικού.

Αυτά τίθενται στη διάθεση του οδηγού, και αυτός προσανατολίζεται και επιλέγει τη μελλοντική διαδρομή, την ταχύτητα, τις παύσεις, τις παρακάμψεις και άλλα πολλά. Ασχέτως της κατεύθυνσης, ασχέτως του δρόμου που τελικά επιλέγει και της ταχύτητας με την οποία τον διανύει, το σύστημα πλοήγησης τον συνοδεύει και ενημερώνει άμεσα σε οποιαδήποτε χρονική στιγμή την ακριβή θέση, το υψόμετρο, την κατεύθυνση της κίνησης και την ταχύτητα του οχήματος. Αυτό το πλήρες επικοινωνιακό δίκτυο απεικονίζει λεπτομερώς ολόκληρη τη διαδρομή από την αναχώρηση μέχρι τον προορισμό. Η επικοινωνία μεταξύ του οχήματος και των δορυφόρων παραμένει διαρκώς ενεργή.

Αυτό που πριν από λίγες δεκαετίες δύσκολα μπορούσε να φανταστεί κανείς, σήμερα έχει ήδη γίνει για πολλούς αυτονόητο μέρος της καθημερινότητάς τους. Το σύστημα πλοήγησης με τις πολύπλοκες τεχνικές διαδικασίες εκπομπής και λήψης, αποθήκευσης και συντονισμού είναι μεν μόνο μια χοντροκομμένη απεικόνιση όλων όσων γίνονται αδιάλειπτα μεταξύ του μικρόκοσμου άνθρωπος και του χονδροειδούς ύλης μακρόκοσμου. Αλλά αυτό μας δείχνει πόσο ακριβής μπορεί να είναι η εκπομπή και η λήψη, η αποθήκευση και η ανάκληση δεδομένων ακόμα και με τεχνικά μέσα.

Έχει επίσης γίνει εντελώς αυτονόητο για τη σύγχρονη ανθρωπότητα ότι οι δορυφόροι παρέχουν λεπτομερείς απεικονίσεις από κάθε γωνία της γης, στις οποίες είναι χαρτογραφημένα τα πάντα: δάση, χωράφια, η ροή των ποταμών, οροσειρές, λίμνες και θάλασσες, αλλά και πόλεις και χωριά. Τα πάντα, πραγματικά τα πάντα, καταγράφονται με μεγάλη ακρίβεια και αποθηκεύονται σε γιγαντιαία αρχεία. Κάθε αλλαγή καταγράφεται· ποιος καρπός καλλιεργείται σε ένα χωράφι, ποιοι δρόμοι αλλάζουν, πώς μεταβάλλεται η φύση, πώς λιώνουν οι παγετώνες και άλλα πολλά – όλα καταγράφονται και αποθηκεύονται συνεχώς. Όσο καταπληκτικά κι αν είναι όλα αυτά τα τεχνολογικά επιτεύγματα για εμάς τους ανθρώπους, αποτελούν μια ατελή και χοντροκομμένη τεχνολογία σε σχέση με την χωρητικότητα μνήμης και την ακρίβεια του μακρόκοσμου.

Με πόσο πιο λεπτό τρόπο συνοδεύεται και καταγράφεται από τον μακρόκοσμο κάθε κίνηση κάθε ανθρώπου και κάθε πτυχή των συναισθημάτων, αισθημάτων, σκέψεων, λόγων και πράξεών του! Εκεί γίνεται αντιληπτή και επικαιροποιείται αντίστοιχα η κάθε αλλαγή, όσο μικρή κι αν είναι.

Επανερχόμαστε όμως στις οικουμενικές Κοσμικές νομοτέλειες, αναπτύσσοντας περισσότερο το θέμα.

Ας παρατηρήσουμε τον ουρανό σε μια έναστρη νύχτα, διερωτώμενοι: Τι να συμβαίνει άραγε εκεί ψηλά; Ας αφήσουμε μια σταγόνα ουράνιας επίγνωσης να αγγίξει την ψυχή μας. Η σταγόνα ουράνιας σοφίας λέει: Εσείς, ο καθένας από εμάς, είναι ένας εξολοκλήρου εξατομικευμένος, ξεχωριστός μικρόκοσμος μέσα σ' αυτό τον υλικό μακρόκοσμο και πέρα απ' αυτόν, σ' έναν μακρόκοσμο από λεπτότερη ύλη, για τον οποίο θα μάθουμε περισσότερα στη συνέχεια.

Ας συνειδητοποιήσουμε ότι ο καθένας μας είναι ένας εντελώς ιδιότυπος, χαρακτηριστικός μικρόκοσμος, ο οποίος βρίσκεται σε σύνδεση, σε επικοινωνία και υπό καθοδήγηση με τον ορατό μακρόκοσμο, τον χονδροειδούς ύλης κόσμο, αλλά και με αόρατους κόσμους.

Οι φυσικές επιστήμες συνήθως θεωρούν δεδομένο ότι όλα τα αισθήματα, σκέψεις και συναισθήματα είναι αποθηκευμένα μέσα στον εγκέφαλο. Όταν ο άνθρωπος πεθάνει και ο εγκέφαλός του παύσει να λειτουργεί, τότε σύμφωνα μ' αυτή τη λογική θα έπρεπε όλη η ενέργειά του που έχει αποθηκεύσει μέχρι τότε να εξαλειφθεί κι αυτή. Αφού όμως καμία ενέργεια δεν χάνεται, τότε αυτή η ενέργεια μετά τον θάνατο του φυσικού σώματος πρέπει να πάει κάπου.

Κάθε περιεχόμενο του ανθρώπινου συναισθάνεσθαι, νιώθειν, σκέπτεσθαι, ομιλείν και πράττειν είναι αποθηκευμένο ως ενέργεια μέσα στην ψυχή.

Κάθε άνθρωπος έχει ένα σώμα από πιο λεπτή ουσία, την ψυχή, την οποία επίσης θα μπορούσαμε να αποκαλέσουμε και αστρικό ή αιθερικό σώμα. Αφού δεν χάνεται καμία ενέργεια, η ψυχή μας συνεχίζει να ζει μετά το σωματικό μας θάνατο, και μάλιστα στους πλανητικούς αστερισμούς ενός πιο λεπτού μακρόκοσμου.

Όσα έχουμε αποθηκεύσει μέσα στα κύτταρά μας και επομένως και μέσα στον εγκέφαλό μας, είναι επίσης η χάραξη του σώματός μας από πιο λεπτή ουσία, της ψυχής. Αυτή τη χάραξη της ψυχής την καθορίζει ο κάθε άνθρωπος με την πληθώρα των δεδομένων που εισάγει κατά τη διάρκεια της επίγειας ζωής του.

Προς επανάληψη: Οποιαδήποτε απόφαση, οποιαδήποτε κατάσταση, όλες οι σκέψεις, συναισθήματα, λόγια και πράξεις διέπουν την πορεία μας πάνω στη Γη.

Είτε είμαστε υπέρ του Κοσμικού Παν-νόμου είτε εναντίον, αποθηκεύουμε στον μικρόκοσμο, δηλαδή μέσα στον ίδιο τον εαυτό μας, στον εγκέφαλό μας και στα όργανα του φυσικού μας σώματος και ταυτόχρονα στην ψυχή μας. Αυτό αποτελεί λοιπόν τη λεγόμενη χάραξη της ψυχής. Αυτό σημαίνει: Κάθε κλάσμα δευτερολέπτου της επίγειας ζωής μας αποθηκεύεται ενεργειακά με τα περιεχόμενά του.

Ο Ιησούς, ο Χριστός, αποκάλυψε σ' εμάς τους ανθρώπους τα ακόλουθα:

«Μήπως δεν αγοράζονται δύο σπουργίτια για μια πεντάρα; Και όμως, κανένα από αυτά δεν πέφτει καταγής χωρίς το θέλημα του Πανύψιστου. Στ' αλήθεια, ακόμη και οι τρίχες της κεφαλής σας είναι όλες μετρημένες. Γι' αυτο μη φοβάστε. Αφού ο Θεός φροντίζει για τα σπουργίτια, γιατί να μην φροντίσει και για σας;»

Πόσο περισσότερο λοιπόν είναι καταμετρημένα τα συναισθήματα, οι σκέψεις, τα λόγια και οι πράξεις μας – σε τελική ανάλυση επίσης όλα όσα κρύβουμε πίσω απ' αυτά που απλά προφασιζόμαστε – αφού είναι μετρημένη κάθε τρίχα πάνω στο κεφάλι μας και κάθε σπουργίτι που πέφτει καταγής;

Ποιος ή τι τα καταμετρά όλα αυτά; Συχνά πρόκειται για δέσμες ενέργειας, σμήνη αστέρων, τα οποία αποτελούν συλλογικά πεδία όμοιων ή παρόμοιων βαθμών δόνησης και τα οποία καταμετρούν ό,τι ανήκει σ' εμάς τους ανθρώπους, όπως π.χ τις τρίχες της κεφαλής μας, και τα σπουργίτια που πέφτουν καταγής. Τα πάντα είναι ενέργεια εν δράσει, που δεν χάνεται. Τίποτε δεν εξαφανίζεται από την οθόνη της ζωής χωρίς να αφήσει ίχνος. Τα πάντα συνοδεύονται, ζυγίζονται, μετρούνται, καταμετρούνται και καταγράφονται.

Τις καταμετρήσεις τις κάνουν τα ουράνια σώματα του υλικού μακρόκοσμου και του αόρατου μακρόκοσμου. Καταμετρούν και αποθηκεύουν αποκλειστικά όσα βάζει ο κάθε άνθρωπος υπό μορφή περιεχομένων μέσα στα συναισθήματα, αισθήματα, σκέψεις, λόγια και πράξεις του, αλλά και αυτά που θέλουμε να κρύψουμε με τις συμπεριφορές μας και που δεν θέλουμε να φανερώσουμε στους άλλους, δηλαδή όλα όσα εκτυλίσσονται κατά κάποιο τρόπο κρυφά μέσα μας. Όλες αυτές οι διεργασίες καταγράφονται σε μια επακριβή τήρηση βιβλίων του Θεού με το αρνητικό και θετικό τους ισοζύγιο, για το οποίο θα μιλήσουμε στη συνέχεια.

*Οι περιοχές κάθαρσης λεπτότερης ύλης
είναι τόποι διαμονής των ψυχών.
Στο υπερπέραν η ψυχή φέρει «τα
ενδύματά» της.*

Όλοι οι προσωπικοί τρόποι συμπεριφοράς, όλα τα δεδομένα και όλα όσα φαίνονται σημαντικά σ' εμάς τους ανθρώπους, είναι ενέργεια και έχουν σύνδεση με πλανητικούς αστερισμούς στον υλικό μακρόκοσμο και στον αόρατο μακρόκοσμο.

Όλα τα ουράνια σώματα του υλικού κόσμου και του, για μας αόρατου, μακρόκοσμου από λεπτότερη ύλη, είναι πλανήτες αποθήκευσης. Αποθηκεύουν μέσα στους αναρίθμητους πλανητικούς τους αστερισμούς τα υπέρ και κατά του κάθε ανθρώπου.

Ο υλικός κόσμος αποτελεί ένα σύστημα που αποθηκεύει κυρίως τη συμπεριφορά του ανθρώπου, το ατομικό του αποτύπωμα, δηλαδή τη φυσιογνωμία του και τον τρόπο που ζει. Ενόψει βαρυσήμαντων παραμέτρων της εικόνας του ανθρώπινου χαρακτήρα, που σμιλεύουν την ανθρώπινη φυσιογνωμία με τα υπέρ και τα κατά της καθημερινής ζωής, ο άνθρωπος οικοδομεί μέσα στον μακρόκοσμο ενεργειακούς σχηματισμούς που βρίσκονται κοντά στη γη, τις λεγόμενες μήτρες για μια τυχόν νέα ενσάρκωση, δηλαδή μετενσάρκωση.

Ο μακρόκοσμος λεπτότερης ύλης περιέχει αναρίθμητους πλανητικούς αστερισμούς, περιοχές κάθαρσης για ψυχές. Ανάλογα με την χάραξη μιας ψυχής, ανάλογα με την λανθασμένη συμπεριφορά του αλλοτινού ανθρώπου εναντίον του Κοσμικού νόμου της ελευθερίας και της ενότητας, αυτοί οι αστερισμοί αποτελούν τους εκάστοτε τόπους διαμονής της ψυχής.

Όλες αυτές οι αποθηκεύσεις μέσα στον άνθρωπο και μέσα στην ψυχή του αποτελούν την χάραξη, η οποία, το αργότερο μετά την αποβίωση του ανθρώπου, δηλαδή μετά το θάνατο του σώματος, αναπτύσσει τη δράση της στους αντίστοιχους τόπους διαμονής της ψυχής, στους λεπτότερους πλανητικούς αστερισμούς.

Όπως προαναφέρθηκε, η ψυχή είναι ένα κατασκεύασμα από πιο λεπτή ουσία, ένα σώμα από πιο λεπτή ουσία που περιτριγυρίζεται από ενεργειακά περιβλήματα, τα οποία καθρεφτίζουν σε διάφορες χρωματικές αποχρώσεις τις επιβαρύνσεις της, σύμφωνα με την χάραξή της. Πολλοί άνθρωποι ξέρουν για τη λεγόμενη αύρα που ονομάζεται και κορώνα, ένα αιθερικό ρευστό που περιβάλλει τον άνθρωπο. Ανάλογα με την εκάστοτε συμπεριφορά του ανθρώπου, η αύρα αλλάζει κάθε στιγμή τα χρώματα και τις κινήσεις της. Είτε είναι εκρηκτική είτε εξισορροπητική, ανάλογα με το περιεχόμενο των συναισθημάτων, σκέψεων, λόγων και πράξεων του ανθρώπου. Είναι μια συνεχής κίνηση αποχρώσεων που εκπορεύονται από τον άνθρωπο και που σε τελική ανάλυση ανήκουν στην ψυχή.

Όσα κατά την ενσάρκωση εμφανίζονται ως αύρα, στην απενσαρκωμένη ψυχή αποκαλούνται «ενδύματα ψυχής». Τα ενδύματα ψυχής λοιπόν δεν σχεδιάζονται από ένα σχεδιαστή, ούτε ράβονται από ένα ράφτη ή μια ράφτρια.

Η επί του παρόντος επικρατούσα ακτινοβολία των περιβλημάτων της, τα οποία καθρεφτίζουν τις επιβαρύνσεις της, φαίνεται στο «ένδυμά» της, στις αποχρώσεις του αιθερικού ρευστού της.

Στο οδοιπορικό της ψυχής, το ένα ενεργειακό περίβλημα, το ένα ένδυμα της ψυχής μετά το άλλο ξετυλίγει τη δράση του. Το εν λόγω ένδυμα υποδεικνύει στην ψυχή τις αντικρουόμενες πτυχές που πρέπει εκείνη τη στιγμή να αναγνωρίσει και να ξεπεράσει μέσω διευθέτησης.

Κατά τη διάρκεια της διευθέτησης, που ισοδυναμεί με την εξάλειψη της ενοχής, δηλαδή με την επεξεργασία όσων ο άνθρωπος έχει φορτώσει στην ψυχή του, μεταστοιχειώνονται τα ενεργειακά περιβλήματα, τα λεγόμενα ενδύματα ψυχής. Αν μια ψυχή τείνει περισσότερο προς το φως, τότε τα ενδύματά της γίνονται πιο λεπτά και φωτεινά. Όταν η ψυχή εξαλείψει την ενοχή που έχει αναγνωρίσει, τότε η ενέργεια της ακτινοβολίας του περιβλήματος διοχετεύεται στον αντίστοιχο πλανητικό αστερισμό του μακρόκοσμου λεπτότερης ύλης. Το τώρα φωτεινότερο ψυχοσώμα έχει διευθετήσει κατά τη διάρκεια αυτού του μετασχηματισμού τα αρνητικά που κάποτε προσκολλήθηκαν πάνω του.

Οι ενεργειακοί σχηματισμοί χαμηλών δονήσεων μεταστοιχειώθηκαν με τη δύναμη του Κοσμικού Πνεύματος, η οποία ενοικεί σε κάθε ψυχή, και όπως ειπώθηκε, διοχετεύτηκαν στον λεπτότερο μακρόκοσμο. Τη στιγμή του μετασχηματισμού της ενοχής σε θετική δύναμη, επέρχεται η λήθη όλων όσων μέχρι τώρα κολλούσαν ακόμα στην ψυχή.

Η ψυχή ακτινοβολεί πια ένα λεπτότερο, φωτεινότερο περίβλημα και πορεύεται προς υψηλότερους, φωτεινότερους πλανήτες, όπου μπορεί να αναγνωρίσει και να εξαλείψει περαιτέρω αποθηκεύσεις στο ψυχοσώμα της. Στην οδοιπορία της προς όλο και λεπτότερες ενέργειες φωτός συνοδεύεται και παίρνει συμβουλές από ανώτερα όντα. Οτιδήποτε αρνητικό κολλάει ακόμα στην ψυχή που έχει γίνει πια πιο φωτεινή, θα πρέπει να αναγνωριστεί και να διορθωθεί.

Μετά από κάθε φάση διευθέτησης, δηλαδή εξάλειψης της ενοχής, οι εν λόγω ενέργειες μετασχηματίζονται από το πανίσχυρο αιώνιο Πνεύμα σ' εκείνη την ενέργεια, η οποία είναι ιδία στον πλανητικό αστερισμό που αντιστοιχεί στην παρούσα δομή της ψυχής. Ό,τι πολύ ανθρώπινο βρισκόταν εκεί έχει αποβληθεί, ξεπεραστεί και συνεπώς ξεχαστεί. Η ψυχή συνεχίζει να βαδίζει βήμα βήμα το δρόμο της λήθης, έως ότου ξαναπάρει την ακτινοβολία του πρωταρχικού, αληθινού όντος της. Τότε η ψυχή δεν είναι πια ψυχή. Είναι ένα αγνό ον, ένα πνευματικό ον, όταν επιστρέψει στον οίκο του Πατέρα, στην αιώνια πατρίδα, στο Βασίλειο του Θεού, στην προαιώνια ρίζα της, στην προαιώνια θεϊκή κληρονομιά μας.

Ένα ποίημα του Πάουλ Γκέρχαρντ σκιαγραφεί παραστατικά με τι θα έμοιαζαν τα περιεχόμενα και οι διαδικασίες της επίγειας ζωής ενός ανθρώπου, που έχει επίγνωση της οδοιπορίας του προς τον Θεό, την αιώνια αρχέγονη νοημοσύνη, προς τον ουράνιο Πατέρα του.

Είμαι μόνο ένας φιλοξενούμενος στη Γη,
και εδώ δεν έχω μόνιμη θέση,
ο ουρανός είναι ο στόχος μου,
εκεί είναι η πατρίδα μου.
Εδώ ταξιδεύω μέχρι τον τάφο·
εκεί, στην αιώνια γαλήνη
έγκειται το δώρο χάριτος του Θεού
που περατώνει κάθε εργασιακό μόχθο.

Τι άλλο ήταν όλη μου η ύπαρξη,
 από τη νιότη μου,
πάρα κόπος και κακουχία;
Απ' όσο μπορώ να θυμηθώ,

αρκετά ήταν τα πρωινά,
αρκετές οι αγαπημένες νύχτες
που πέρασα με λύπη
και με έγνοιες στην καρδιά...

Έτσι θέλω μεν να διάγω
τη ζωή μου σ' αυτό τον κόσμο,
όμως δεν σκοπεύω να παραμείνω
σ' αυτό το ξένο αντίσκηνο.
Βαδίζω τον δρόμο μου
που οδηγεί στην πατρίδα,
όπου, υπέρμετρα,
θα με παρηγορήσει
ο Πατέρας μου.

Εκεί ψηλά είναι η πατρίδα μου,
όπου οι στρατιές των αγγέλων
εξυμνούν τον μεγάλο Άρχοντα,
που όλα εξ ολοκλήρου
στα χέρια Του τα κρατά
και παντοτινά τα διατηρεί
και όλα τα ανυψώνει και τα αποθέτει,
όπως Του αρέσει.

Προς τα εκεί στρέφεται η λαχτάρα μου,
εκεί θα ήθελα να πάω·
ταξίδεψα τον κόσμο,
και σχεδόν κουράστηκα.
Όσο περισσότερο περιπλανιέμαι εδώ,
τόσο λιγότερο βρίσκω χαρά
που να αρέσει και στο πνεύμα μου·
τα περισσότερα είναι πόνος της καρδιάς.

 Ο ξενώνας παραείναι άσχημος,
πάρα πολλές είναι οι πίκρες.
Αχ, έλα Θεέ μου, και λύσε
την καρδιά μου, αν το θέλει η δικιά Σου·
έλα, βάλε μακάριο τέλος
στην περιπλάνησή μου,
και απόστρεψε ό,τι με πληγώνει,
με το χέρι και τη δύναμή Σου.

Εκεί που ζούσα μέχρι τώρα
δεν είναι το πραγματικό μου σπίτι.
Μόλις μου δοθεί ο προορισμός μου,
θα βγω έξω·
και όσα μου χρειάζονταν εδώ,

θα τα βάλω κατά μέρος,
και όταν αφήσω την τελευταία μου πνοή,
θα μου σκάψουν έναν τάφο.

Εσύ όμως χαρά μου,
εσύ φως της ζωής μου,
με τραβάς σαν φεύγω,
προς στο πρόσωπό σου
στην οικία της αιώνιας τέρψης,
εκεί που πάντοτε γεμάτος χαρά
σαν τον λαμπρό τον ήλιο
με άλλους μαζί θα λάμπω κι εγώ.

Εκεί θέλω να κατοικώ για πάντα –
και όχι μόνο ως φιλοξενούμενος –
μαζί μ' εκείνους που με στεφάνια
κόσμησες·
εκεί θα τραγουδώ υπέροχους ύμνους
για τα μεγάλα Σου τα έργα
και απαλλαγμένος από ευτελή πράγματα
στην κληρονομιά μου θα αναπαυθώ.

(Πάουλ Γκέρχαρντ, 1607-1676)

Έχοντας φτάσει στο οικουμενικό Είναι, στον αιώνιο οίκο του Πατέρα, τίποτα δεν είναι πια ξένο στο θεϊκό ον. Το πνευματικό ον θα είναι και πάλι ανάμεσα στους αδελφούς και τις αδελφές του στον αιώνιο οίκο του Πατέρα. Ό,τι υπήρξε άλλοτε, οι πολύ ανθρώπινοι κλυδωνισμοί, όχι μόνο θα έχουν αφεθεί στην άκρη, αλλά και θα έχουν λησμονηθεί. Θα είναι σαν να μην είχε ποτέ απομακρυνθεί αυτός ο υιός, αυτή η θυγατέρα του Θεού.

Στο Βασίλειο του Θεού δεν υπάρχει ο χρόνος, δεν υπάρχει το χτές, το σήμερα, το αύριο και συνεπώς όλα είναι άφθαρτα. Τα πάντα είναι αγνότατη, καθαρότατη, λεπτότατη ενέργεια, ενότητα – το Είναι.

Όπως είπε ο Ιησούς από τη Ναζαρέτ: «Στον οίκο του Πατέρα Μου υπάρχουν πολλές κατοικίες. Αν δεν ήταν έτσι, τότε γιατί να σας έλεγα: «πηγαίνω να σας ετοιμάσω τόπο;»

*Η τήρηση βιβλίων του Θεού –
όλες οι λεπτομέρειες καταχωρίζονται,
όλες οι μεταβολές επικαιροποιούνται.*

Ας επανέλθουμε όμως στην πορευόμενη ψυχή. Και στους δύο κόσμους – τόσο στον υλικό κόσμο όσο και στον κόσμο από λεπτότερη ύλη – καταγράφονται όλες οι συμπεριφορές του ανθρώπου, επίσης κάθε αλλαγή τους επικαιροποιείται και αναπροσαρμόζεται ενεργειακά. Η συνολική εικόνα του ανθρώπου και της ψυχής, δηλαδή όλες οι λεπτομέρειες, καταγράφονται σύμφωνα με την απόλυτα δίκαιη αρχή «εκπέμπειν και λαμβάνειν». Και αυτό γίνεται κάθε στιγμή, διότι το αρχείο καταγραφής είναι δίκαιο. Αυτές οι πηγές αποθήκευσης, όπως έχει ήδη υπονοηθεί, αποκαλούνται μεταξύ άλλων και τα κατάστιχα των Κόσμων ή τα κατάστιχα του Θεού.

Ας συνειδητοποιήσουμε για άλλη μια φορά: Ο υλικός μακρόκοσμος καταχωρίζει κυρίως τις λειτουργικές διεργασίες του ανθρώπου στις τρεις διαστάσεις, δηλαδή όσα έχει ανάγκη ο άνθρωπος στον τρισδιάστατο κόσμο για την επίγεια ύπαρξή του, όσα αντιστοιχούν στις ανθρώπινες ανάγκες, άρα όλα όσα ανήκουν στην εικόνα του ανθρώπου στον υλικό κόσμο. Τα προγράμματα που εκτελούμε στα πλαίσια της ανθρώπινης ζωής είναι κατά τη διάρκεια της ενσάρκωσης της ψυχής κάτι σαν αναγκαίος «λειτουργικός εξοπλισμός»: Δηλαδή όλα όσα κάνουμε κάθε μέρα εντελώς αυτονόητα, επειδή τα πράγματα είναι έτσι όπως είναι – π.χ. να ανοίγουμε πόρτες, να κλείνουμε πόρτες, να περνάμε από ανοικτές πόρτες και πύλες, οτιδήποτε φυσιολογικό, όπως η πρωινή τουαλέτα, το να τρώμε, να πίνουμε, να οδηγούμε ένα αυτοκίνητο, να κάνουμε ποδήλατο, να πηγαίνουμε στη δουλειά, να κάνουμε τις δουλειές του σπιτιού και ούτω καθεξής. Εντούτοις, προσκολλήσεις σε περιουσιακά στοιχεία, σε αγαθά, σε τοπία, σε πόλεις, χωριά, δήμους, τόπους και άλλα παρόμοια, αλλά και δεσμοί με ανθρώπους, μπορεί να γίνουν μαγνήτες, τους οποίους ακολουθεί η ψυχή μας, εισερχόμενη στην επόμενη επίγεια ζωή.

*Η μήτρα, ένα κουκούλι ακτινοβολίας
που εμείς δημιουργούμε για τον δρόμο
της ψυχής
προς μια εκ νέου ενσάρκωση*

Τέτοιες πολύπλευρες διαμορφώσεις του χαρακτήρα αφήνουν, ανάλογα με τη διαγωγή του ανθρώπου, μια ειδική χάραξη στην ψυχή του. Και οι δύο κόσμοι με τους πλανητικούς τους αστερισμούς, ο υλικός μακρόκοσμος και ο ανώτερος, είναι κατά κάποιο τρόπο, από ενεργειακή άποψη, οδοδείκτες προς τις σφαίρες στο υπερπέραν, όπου μπορεί να διαμένει η ψυχή μετά την απενσάρκωσή της.

Κάθε σκέψη και δράση που δεν υπόκειται στην αιώνια αρχή, στον απόλυτο νόμο του Παντός, στην ισότητα, στην ελευθερία, στην ενότητα, στην αδελφοσύνη και στη δικαιοσύνη, αποτελεί βάρος στην ψυχή και ενδεχομένως ένα πρόγραμμα για την μετενσάρκωση. Οι επιβαρύνσεις της ψυχής αποτελούν για το ανθρώπινο περίβλημά της αιτίες, ενάυσματα, που θέτουν σε λειτουργία το νόμο σποράς και θερισμού, το νόμο της αιτιότητας. Μεταξύ άλλων, κάθε συμπεριφορά ενάντια στα βασίλεια της φύσης, ενάντια σε φυτά και ζωά, κάθε κακομεταχείριση της Γης, συμπεριλαμβανομένων των δημιουργών των παραπάνω, καταγράφεται, τόσο στον υλικό μακρόκοσμο όσο και στο μακρόκοσμο από λεπτότερη ύλη.

Στη συνέχεια, δημιουργείται μέσω της συσσώρευσης ενεργειών ένα ενεργειακό, αρνητικό σύμπλεγμα στον μακρόκοσμο. Σ' αυτό συγκαταλέγονται, για παράδειγμα, εγκλήματα κατά της ανθρώπινης ζωής, η υποστήριξη και η υποκίνηση πολέμων, όπως επίσης και η εκμετάλλευση του πλανήτη Γη και η προσωπική οικειοποίηση των πόρων της Γης, με αποτέλεσμα οι πλούσιοι να γίνονται όλο και πλουσιότεροι, ενώ η φτώχεια και η πείνα σ' αυτόν τον κόσμο παίρνουν όλο και μεγαλύτερες διαστάσεις. Από αυτές τις αρνητικές ενέργειες, τις συγκεντρωμένες από παραβάσεις του Παν-νόμου της ζωής που είναι ενότητα, αναπτύσσονται οι λεγόμενες μήτρες. Πρόκειται για συμπλέγματα όμοιων ή παρόμοιων ενεργειών που αντιστοιχούν στους ανθρώπους που υιοθέτησαν τέτοιες εσφαλμένες συμπεριφορές.

Μετά από το σωματικό θάνατο του ανθρώπου και σύμφωνα με μια προκαθορισμένη Κοσμική χρονική διαδοχή, μπορεί μια τέτοια ψυχή να χρησιμοποιήσει αυτή τη μήτρα, το αντιστοιχούν της και ίδιας συχνότητας, ενεργειακό κουκούλι ακτινοβολίας, για να εισέλθει σε νέο σώμα, δηλαδή να μετενσαρκωθεί.

Ασφαλώς πολλοί θα θέσουν στον εαυτό τους την ερώτηση: Τι είναι αποθηκευμένο σε μια μήτρα; Όταν γίνεται λόγος για μια μήτρα, ένα κουκούλι ακτινοβολίας στον υλικό κόσμο, τότε αυτό σημαίνει: Μία μήτρα είναι ένα ενεργειακό σώμα για μια ενδεχόμενη μετενσάρκωση μιας ψυχής που είναι σήμερα ακόμα άνθρωπος. Ο άνθρωπος προκαθορίζει για την ψυχή του την εξελικτική πορεία της και μετά από το σωματικό του θάνατο αυτή μπορεί να μετενσαρκωθεί, ανάλογα με τα προκαθορισμένα στοιχεία. Τα συστατικά στοιχεία που συγκροτούν μια μήτρα έχουν πάντα ως αφετηρία τον ίδιο τον τωρινό άνθρωπο. Κατώτερες συμπεριφορές που αντιστοιχούν στο αρνητικό περιεχόμενο των ανθρώπινων συναισθημάτων, αισθημάτων, σκέψεων, λόγων και πράξεων, μπορεί να είναι ενέργειες δεσμευμένες με τη γήινη ζωή, όπως π.χ. σοβαρές εσφαλμένες συμπεριφορές απέναντι σε συνανθρώπους και στον πλανήτη Γη. Από αυτές μπορεί να σχηματιστεί μια μήτρα ενσάρκωσης.

Η μήτρα αποτελείται λοιπόν από ενεργειακή ακτινοβολία. Μέσα σ' αυτήν είναι αποθηκευμένα π.χ. η δομή του καινούργιου ανθρώπου και όλα τα δομικά στοιχεία του καινούργιου σώματος. Όλα τα όργανα, όλα τα κυτταρικά συστήματα είναι καταγεγραμμένα ενεργειακά. Όλα τα όργανα και κύτταρα του σώματος, όλα τα δομικά στοιχεία του σώματος του τωρινού ανθρώπου είναι καταχωρημένα, είτε είναι αδύναμα είτε δυνατά και υγιή. Το περιεχόμενο των συμπεριφορών του εκάστοτε ανθρώπου καθορίζει πάντα σε ποια μεριά γέρνει η ζυγαριά. Αφού κάθε τρίχα πάνω στη κεφαλή μας είναι μετρημένη, δηλαδή έχει σημασία, τότε μπορούμε να θεωρήσουμε δεδομένο ότι και ολόκληρος ο μελλοντικός άνθρωπος σε μια ενδεχόμενη περαιτέρω μετενσάρκωση της ψυχής θα βασίζεται στα στοιχεία που του προκαθορίζει ο τωρινός εαυτός του.

Ο κάθε άνθρωπος αποφασίζει κάθε στιγμή ο ίδιος, αν η ψυχή του θα εμφανίσει μια ενεργειακά υψηλότερη ποιότητα ζωής ή αν θα καταταχτεί σε χαμηλότερους βαθμούς δόνησης που ρέπουν και πάλι προς τη Γη. Στο Άπειρο δεν υπάρχουν συμπτώσεις. Εμείς, ο καθένας μας ξεχωριστά, καθορίζουμε σε ποια μεριά γέρνει η ζυγαριά. Ούτε και είναι τυχαίο σε ποια οικογένεια, σε ποιο κύκλο συνανθρώπων ενσαρκώνεται ο καινούργιος άνθρωπος. Αυτός φέρνει μαζί του ό,τι εισήγαγε μέσα του σε προηγούμενες ενσαρκώσεις και που μέχρι τώρα δεν έχει διορθώσει.

Βρισκόμενος σε γήινο ένδυμα, ο καινούργιος άνθρωπος μπορεί συνεπώς να αποφασίσει πώς θέλει να ενεργήσει σε σχέση με το σώμα και την ψυχή του. Μπορεί να αποδυναμώσει περαιτέρω τα αποδυναμωμένα όργανά του· μπορεί όμως επίσης να τα ενδυναμώσει και να παρέχει στο σώμα σθένος και ευεξία - και πάλι βάσει των περιεχομένων της συνολικής του συμπεριφοράς.

Οι μήτρες είναι λοιπόν ενεργειακά πεδία που ελκύουν μαγνητικά ψυχές με όμοιο ή παρόμοιο βαθμό δόνησης· μία μήτρα δημιουργείται μέσω της συμπεριφοράς του αλλοτινού ανθρώπου. Αν ο άνθρωπος διέπραξε σοβαρές παραβάσεις εναντίον της ζωής, τότε δίνεται στην ψυχή η δυνατότητα να ενσαρκωθεί εκ νέου μέσω του ενεργειακού κουκουλιού που είχε δημιουργήσει ο ίδιος ο αλλοτινός άνθρωπος, να ζήσει δηλαδή και πάλι ως άνθρωπος.

Το ίδιο ισχύει και για ληστές, δολοφόνους, εγκληματίες και πολεμοκάπηλους, οι οποίοι δεν έχουν αναγνωρίσει την ενοχή τους, άρα δεν έχουν ζητήσει συγχώρεση, ούτε έλαβαν συγχώρεση μετά από επανόρθωση των διαπραχθέντων. Οι ψυχές τους ως επί το πλείστον επανέρχονται με την ίδια ορμή για δράση. Χωρίς συγχώρεση και επανόρθωση, οι αιτίες παραμένουν υπαρκτές.

Σύμφωνα με τον Κοσμικό νόμο, όμοιος ομοίω αεί πελάζει· κάθε είδος ενέργειας, λοιπόν, τείνει και πάλι προς κάτι ομοιοειδές.

Θα πρέπει προπάντων να κατανοήσουμε: Οι εσφαλμένες συμπεριφορές του παρελθόντος μας, συνειδητοποιήμενες ή λανθάνουσες και άρα μη διορθωμένες – διευθετημένες –, είναι αποθηκευμένες. Όπως ήδη αναφέρθηκε, τον δίκαιο νόμο τον αποκαλούμε «την τήρηση βι-βλίων του Θεού, την τήρηση βιβλίων των Κό-σμων».

Προς επανάληψη: Τίποτα, μα απολύτως τίποτα, δεν χάνεται. Καμία ενέργεια δεν μπορεί να εξαφανιστεί, ούτε το καλό, ούτε το λιγότερο καλό, ούτε το κακό.

Κάθε άνθρωπος αλλάζει κατά τη διάρκεια της επίγειας ζωής του, τόσο αναφορικά με τον τρόπο που σκέφτεται και ομιλεί όσο και αναφορικά με τον τρόπο που ενεργεί· όλη η συμπεριφορά του υπόκειται στην ενεργειακή μεταβολή. Κάθε μεταβολή στο πλέγμα δυνάμεων που βασίζεται στον μετασχηματισμό ενεργειών, όσο μικρή και αν είναι η διαφορά των δυνάμεων – όλα καταγράφονται επακριβώς στα Κοσμικά κατάστιχα, είτε στο αρνητικό είτε στο θετικό ισοζύγιο. Κάθε άνθρωπος και κάθε ψυχή κρέμεται, τρόπος του λέγειν, από ένα μαγνητικό σχοινί, σαν από ένα σταγονόμετρο του υλικού μακρόκοσμου και του μακρόκοσμου λεπτότερης ύλης. Δεν ξεφεύγει το παραμικρό από την Κοσμική τήρηση βιβλίων, την τήρηση βιβλίων του Θεού. Τα ουράνια σώματα του υλικού κόσμου καταγράφουν με τρόπο ενεργειακό, επικαιροποιούν και μετασχηματίζουν ενέργειες σύμφωνα με τη συμπεριφορά του κάθε ανθρώπου.

Σε όλους τους κόσμους ισχύει ο ίδιος νόμος, το ίδιο ισχύει και όσον αφορά τη συμπεριφορά μας απέναντι στο ζωικό, φυτικό και ορυκτό κόσμο, απέναντι σ' ολόκληρη τη Γη: Ό,τι σπέρνεις, θα θερίσεις.

Τίποτα δεν χάνεται: το καθετί που αναπτύσσεται και παρέρχεται στη Γη, μέσα στη Γη και πάνω από τη Γη, έχει αντίκτυπο στον υλικό κόσμο. Κάθε διάθεση προσφοράς, αλλά και κάθε μορφή βίας απέναντι σε ανθρώπους, στη φύση και στα ζώα, απέναντι σ' ολόκληρη τη Γη, καταγράφεται με ακρίβεια και επικαιροποιείται κάθε στιγμή ανάλογα με τα υπέρ και τα κατά των ανθρώπων. Σήμερα είμαστε ελεύθεροι. Πώς

φερόμαστε στον πλησίον μας; Ο Ιησούς μας δί-
δαξε σχετικά: Ο ένας να κουβαλά το φορτίο του
άλλου· να βοηθάτε και να υπηρετείτε ο ένας τον
άλλο. Αν μειώνουμε κάποιον άνθρωπο που εί-
ναι πιο αδύναμος από εμάς, τότε και το περιε-
χόμενο αυτών των σκέψεών μας καθώς και της
συμπεριφοράς μας μπαίνουν μέσα στην ψυχή
μας. Με τέτοιες συμπεριφορές αποδυναμώνου-
με τον ίδιο μας τον εαυτό. Γι' αυτό ο Ιησούς, ο
Χριστός είπε: «Ό,τι θέλεις να κάνουν οι άλλοι σ'
εσένα, κάντο πρώτα εσύ σ' αυτούς.» Με άλλα
λόγια: «Ό,τι δεν θέλεις να σου κάνουν, μην το
κάνεις σε κανέναν άλλο.» Αυτό θα πρέπει να
το θυμόμαστε κάθε τόσο, καθώς επίσης και τον
κανόνα ζωής που λέει: αξιοποίησε τη στιγμή,
αξιοποίησε την ημέρα!

Όλα είναι υπό καθοδήγηση, τα πάντα είναι κατευθυνόμενα. Στον τρισδιάστατο κόσμο, υπάρχουν στη Γη οι τέσσερις εποχές: άνοιξη, καλοκαίρι, φθινόπωρο και χειμώνας με τις διαφορετικές τους εκφάνσεις. Πώς διαμορφώνεται αντίστοιχα η καθεμιά τους; Ο υλικός μακρόκοσμος είναι ο κυβερνήτης όλων των περιστάσεων και κινήσεων στις τρεις διαστάσεις.

Η ακτινοβολία του υλικού μακρόκοσμου επιδρά στην απέραντη ποικιλία των γήινων μορφών ζωής, καθώς και στα μαγνητικά ρεύματα της Γης. Μέσω των μαγνητικών ρευμάτων φροντίζονται ζώα και διεγείρονται τα είδη των φυτών. Αν σκεφτούμε τα ψάρια, τη μετανάστευση των φαλαινών, επίσης τη μετανάστευση των χελιών· πώς ξέρουν τα ζώα πότε και πού θα πρέπει να βρεθούν για την αναπαραγωγή τους; Ομοίως, οι θαλάσσιες χελώνες επιστρέφουν ξανά και ξανά στην ακρογιαλιά όπου γεννήθηκαν. Είναι επίσης γνωστό ότι τα ταχυδρομικά περιστέρια έχουν αισθητήρια όργανα, των οποίων η λειτουργία βασίζεται στο μαγνητισμό. Πώς προσανατολίζονται τα αποδημητικά πουλιά, αν όχι βάσει του γήινου μαγνητικού πεδίου; Θα μπορούσαν να αναφερθούν ακόμα πάρα πολλά παραδείγματα. Μπορούμε εδώ να σκιαγραφήσουμε μόνο μερικά απ' αυτά, για να καταλάβουμε ότι γνωρίζουμε μια πληθώρα συνθηκών στη φύση, όπου ο μαγνητισμός καθοδηγεί τη συμπεριφορά των έμβιων όντων.

Τα ενδημικά ζώα επίσης αλλάζουν το τρίχωμά τους. Ποιος το ορίζει και το ρυθμίζει; Σε κάθε εποχή του χρόνου, λοιπόν, ο υλικός κόσμος δρα ποικιλοτρόπως ως καθοριστικός παράγοντας.

Για να καταλάβουμε καλύτερα: Ολόκληρη η Γη με τον ορυκτό πλούτο της, με τα βασίλεια της φύσης, με τους αναρίθμητους τρόπους ζωής των ζώων βρίσκεται σε ενότητα με τον Δημιουργό της και δεν μπορεί να επιβαρυνθεί. Είναι λοιπόν μόνο ο άνθρωπος που παραβιάζει τον

Παν-νόμο της ενότητας, όχι ο ζωικός και φυτικός κόσμος, ούτε η μητέρα Γη με όλες τις μορφές ζωής και τους πόρους της.

Ο Θεός, η αμέτρητη Παν-δύναμη, η ζωή, είναι ο μεγαλοφυής «σκηνοθέτης» που δρα στους πάντες και στα πάντα – στα πιο μικρά και στα πιο μεγάλα. Μ' αυτό τον τρόπο, τα ζώα, τα φυτά, τα ορυκτά, όλα τα διάφορα έμβια όντα έως και τα μικρόβια, καθώς και όλα τα χρώματα, οι μορφές και τα αρώματα της φύσης, κατευθύνονται και καθοδηγούνται από τον υλικό μακρόκοσμο σύμφωνα με τον εκάστοτε προσδιορισμό της συνείδησής τους, όπως αυτός εκπηγάζει από τον αιώνιο Δημιουργό του Είναι.

Πουθενά σ' ολόκληρο το Άπειρο δεν υπάρχει στασιμότητα· τα πάντα, πραγματικά τα πάντα – κάθε πλανήτης, όλες οι δυνάμεις του Είναι – βρίσκονται ασταμάτητα σε κίνηση.

Ό,τι δρομολογούμε και πράττουμε εμείς οι άνθρωποι ενάντια στην Κοσμική αρμονία, ήτοι ενότητα, ό,τι διαταράσσουμε με την αφέλειά μας, τη στενοκεφαλιά, την απερισκεψία και τον εγωκεντρισμό μας, καταγράφεται στον μακρόκοσμο και με εξίσου σημαντικό τρόπο στον μακρόκοσμο από λεπτότερη ύλη, ως εσφαλμένη συμπεριφορά· εμείς οι άνθρωποι την αποκαλούμε επίσης αμαρτία. Μόνο ο άνθρωπος προκαλεί συμφορά και χάος στη Γη.

Τα πάντα είναι ενέργεια. Και αφού καμιά ενέργεια δεν χάνεται, είναι καταγεγραμμένη κατά τρόπο δίκαιο και ακατάλυτο, επικαιροποιείται κάθε στιγμή, και γι' αυτό είναι σε συνεχή κίνηση.

Εμείς οι άνθρωποι δεν μπορούμε έτσι απλά να ξεφύγουμε από την τρέχουσα, επικοινωνιακή Κοσμική τήρηση βιβλών με το αρνητικό και θετικό ισοζύγιό της, παρά μόνο αν αλλάξουμε τον τρόπο σκέψης μας και επανορθώσουμε.

Παραβάσεις ενάντια στην Κοσμική ζωή – και οι συνέπειές τους

Τι είναι μια παράβαση της Κοσμικής ζωής; Για παράδειγμα η κακόβουλη και εσκεμμένη θανάτωση ζώων, ο βασανισμός των ζώων, η κράτησή τους σε στάβλους-γκέτο ως ζώα προς σφαγή, η κατανάλωση του σώματος των ζώων, δηλαδή μερών του πτώματός τους, και άλλα πολλά. Όλα αυτά είναι εναντίον της Κοσμικής ζωής, εναντίον του Πνεύματος της δημιουργίας.

Όλα, μα όλα όσα εμείς οι άνθρωποι προκαλούμε στον πλανήτη Γη – όπως π.χ. η αποψίλωση δασών, η σύνθλιψη λίθων, η εκτροπή υδάτινων ρευμάτων, η ανέγερση υδατοφρακτών, η οικοδόμηση ουρανοξυστών, πυρηνικών σταθμών και άλλων οικοδομημάτων –, τα καταγράφουν λεπτομερώς και σε σχέση πάντα με κάθε άνθρωπο, οι μακροκόσμοι.

Κάθε συνυπαιτιότητα πρέπει να αναγνωριστεί και να διευθετηθεί. Εδώ δεν χωράνε αντιρρήσεις και δικαιολογίες. Δεν υπάρχει καμία υπεκφυγή. Ο δρόμος της διευθέτησης είναι ο δρόμος που μας δίδαξε ο Ιησούς: Μετανόησε, διευτέτησε, επανόρθωσε ό,τι μπορεί ακόμα να επανορθωθεί και μην ξανακάνεις πια τίποτα όμοιο ή παρόμοιο. Αυτόν το δρόμο πρέπει να βαδίσουμε με ευσυνειδησία και υπευθυνότητα, χωρίς περιορισμούς· αυτός είναι τότε επίσης ο δρόμος της ψυχής, ο δρόμος της λήθης.

Ο Θεός δεν μας κηδεμονεύει και δεν μας εξαναγκάζει. Ο ιερός Του νόμος είναι αγάπη και ελευθερία. Εμείς οι άνθρωποι φέρουμε μέσα μας μια Κοσμική ψυχή που είναι ελεύθερη. Εμείς οι άνθρωποι έχουμε το νου, προκειμένου να ζυγίζουμε και να αξιολογούμε. Είμαστε, λοιπόν, στο Πνεύμα του Θεού, ελεύθερα όντα, υπεύθυνοι για τις πράξεις και τις παραλείψεις μας.

Το πόσο συχνά ο άνθρωπος παραβιάζει τη ζωή, όποια και να είναι κάθε φορά το ελατήριο, τα κίνητρά του και ούτω καθεξής, όλα, μα όλα, έχουν τη δίκαιη αντίστοιχη χάραξή τους, τόσο στην ψυχή όσο και στο φυσικό σώμα. Το αρχείο καταγραφής και στους δύο κόσμους, όπως ειπώθηκε, είναι ακριβές και δίκαιο. Η Κοσμική τήρηση βιβλίων καταγράφει μεταξύ άλλων τις ορέξεις μας, τις επιθετικές ενέργειές μας, κάθε προθυμία μας να βοηθήσουμε, κάθε θετική δράση· όλες οι λεπτομέρειες είναι ενέργεια και καταγράφονται. Τίποτε δεν είναι άνευ σημασίας, επίσης κάθε μικρό πράγμα για το οποίο μιλάμε, όσο ασήμαντο κι αν είναι, είναι καταχωρημένο, δηλαδή αποθηκευμένο. Σε κάθε άνθρωπο και κάθε ψυχή απονέμεται απόλυτη δικαιοσύνη μέσω των Κόσμων που με ακρίβεια τηρούν βιβλία.

Όπως αναφέρθηκε: Όλες οι δυνάμεις, το σύνολο των ενεργειών, βρίσκονται σε συνεχή κίνηση. Μέσα στα πάντα βρίσκεται η Παν-συνείδηση, η αιώνια νοημοσύνη, ο Θεός, η ζωή, η κίνηση, δηλαδή το αρχείο καταγραφής που μεταβάλλεται αδιάκοπα όσον αφορά τα υπέρ και τα κατά.

Στους γαλαξίες βρίσκονται αστρικά σμήνη. Πολλά από αυτά τα αστρικά σμήνη είναι Κοσμικά μαγνητικά πεδία, τα οποία δημιουργήθηκαν και δημιουργούνται μεταξύ άλλων μέσω ομαδικού κάρμα. Αυτά είναι ίδιας δόνησης ενεργειακές συνδέσεις ορισμένων τύπων ανθρώπων, οι οποίοι υποστηρίζουν από κοινού π.χ. πολέμους, κατασκευάζουν στρατιωτικούς εξοπλισμούς και δίνουν εντολές για τη διεξαγωγή πολέμων, επίσης εκείνων που διατάζουν τη θανάτωση των συνανθρώπων τους, που εξωθούν τους ανθρώπους στη δουλεία και στην πορνεία· που δεν αντιτάσσονται στην πείνα που υπάρχει στον κόσμο, αν και έχουν τις δυνατότητες να βοηθήσουν.

Σ' αυτά τα Κοσμικά μαγνητικά πεδία είναι αποθηκευμένες και οι επιβαρύνσεις ανθρώπων που συσσωρεύουν πλούτη, παρά το γεγονός ότι άλλοι άνθρωποι υποφέρουν από κακουχία και ασθένειες, οι επιβαρύνσεις επίσης εκείνων που κακόβουλα και εσκεμμένα σκοτώνουν ζώα ή υποστηρίζουν τη διεξαγωγή πειραμάτων σε ζώα ή τα εκτελούν, που εκμεταλλεύονται τη γη, που κόβουν δέντρα την περίοδο που οι χυμοί τους κυκλοφορούν, που καταστρέφουν με τη βία είδη φυτών και άλλα πολλά.

Όλες αυτές οι καρμικές παραβάσεις στο σύνολό τους αποτελούν ένα ομαδικό κάρμα. Άνθρωποι αυτής της κατηγορίας, ανάλογα με την εμπλοκή τους, είναι δεμένοι στο παγκόσμιο κάρμα. Οι επιμέρους ενεργειακοί συσχετισμοί των επιβαρύνσεων του κάθε ανθρώπου που υπάγεται σε αυτά τα Κοσμικά μαγνητικά πεδία, σ' ένα ομαδικό ή παγκόσμιο κάρμα, είναι καταγεγραμμένοι με κάθε λεπτομέρεια και στην ψυχή του. Και οι αρνητικές αποθηκεύσεις που βρίσκονται σε κάθε ψυχή είναι συνεχώς σε κίνηση. Τα υπέρ και τα κατά σε κάθε στιγμή της ανθρώπινης ζωής ζυγίζονται, μετρούνται με ακρίβεια και επικαιροποιούνται ανάλογα με τον όγκο ενέργειας. Πέρα από την ψυχή, είναι καταγεγραμμένη η αντιθετική συμπεριφορά στο σύνολό της με όλες τις λεπτομέρειες και στους αντίστοιχους λεπτότερης ύλης πλανητικούς αστερισμούς, όπου η ψυχή ξεχρεώνει την οφειλή της ή απ' όπου γίνεται η επανενσάρκωση διαμέσου του υλικού κόσμου μέσω μιας μήτρας, ήτοι κουκουλιού.

*Κάθε άνθρωπος, κάθε ψυχή, έχει
ελεύθερη βούληση.
Ο καθένας ξεχωριστά βαδίζει τον δικό
του, ατομικό δρόμο.*

Κάθε άνθρωπος και κάθε ψυχή είναι λοιπόν ένας μικρόκοσμος μέσα στον Παν-μακρόκοσμο. Οι δρόμοι κάθε ανθρώπου καθώς και οι δρόμοι κάθε ψυχής διαφέρουν θεμελιωδώς από τους δρόμους αλλονών, επειδή, κάθε μέρα, κάθε άνθρωπος προγραμματίζει τον εαυτό του και την ψυχή του στο πλαίσιο των προσωπικών υπέρ και κατά. Γι' αυτό, κάθε άνθρωπος μαζί με την ψυχή του βαδίζει το δρόμο του μέσα από τα υψώματα και τις πεδιάδες της επίγειας ζωής του. Αργότερα, αφού αποβάλλει το φυσικό της περίβλημα, δηλαδή μετά το σωματικό θάνατο, η ψυχή συνεχίζει την πορεία της προς τους αντίστοιχούς της πλανητικούς αστερισμούς στον υλικό μακρόκοσμο, στη συνέχεια προς τον κόσμο λεπτότερης ύλης, μέχρι να φτάσει τελικά σπίτι της, στο Βασίλειο του Θεού, τον απόλυτο, λεπτοφυή μακρόκοσμο. Πρόκειται, κατά περίπτωση, για ένα μακρύ Κοσμικό οδοιπορικό. Η ψυχή έχει επίσης τη δυνατότητα να διακόψει αφ' εαυτής το άμεσο οδοιπορικό της, προκειμένου να προβεί σε μετενσάρκωση, σε μια νέα ενανθρώπιση.

Κάθε άνθρωπος, κάθε ψυχή, έχει ελεύθερη βούληση. Κατά συνέπεια, κάθε άνθρωπος καθορίζει ο ίδιος την εξελικτική του πορεία σύμφωνα με τον τρόπο που συμπεριφέρεται είτε με είτε ενάντια στον αιώνιο Κοσμικό Παν-νόμο, που είναι η ζωή και κατ' επέκταση η εξελικτική πορεία της ψυχής του. Όλες οι λεπτομέρειες που στρέφονται εναντίον του Κοσμικού νόμου, εναντίον της ζωής, επιβαρύνουν την ψυχή του ανθρώπου, αλλά επίσης και το φυσικό του σώμα. Ανάλογα με την ένταση των επιβαρύνσεων προκαλούνται πλήγματα της μοίρας, κακουχίες και ασθένειες.

Ωστόσο, υπεράνω όλων βρίσκεται η ευσπλαχνία του Θεού. Αυτή σημαίνει: Αξιοποίησε τη στιγμή, αξιοποίησε την ημέρα και αναγνώρισε τις συμπεριφορές σου! Μετανόησε γι' αυτές και διευθέτησέ τες, επανόρθωσε ό,τι είναι ακόμα δυνατό και μην ξανακάνεις τίποτε όμοιο ή παρόμοιο. Το ίδιο ισχύει για το περιεχόμενο όλων των συναισθημάτων, λόγων και πράξεών μας, συμπεριλαμβανομένων όλων των ζημιογόνων επιθυμιών μας όπως έξεις, εκμετάλλευση, βιασμός και εσκεμμένη χρησιμοποίηση του άλλου.

Όπως ειπώθηκε στην αρχή, ο Ιησούς από τη Ναζαρέτ ήδη δίδαξε: «Συμφιλιώσου με τον αντίδικό σου χωρίς δισταγμό, όσο είσαι ακόμα μαζί του στο δρόμο προς το δικαστήριο. Αλλιώς ο αντίδικός σου θα σε οδηγήσει μπροστά στον δικαστή και ο δικαστής θα σε παραδώσει στο δεσμοφύλακα και θα ριχθείς στη φυλακή.»

Η μετατροπή όσων είναι αρνητικά, βαριά σε θετικές, ελαφριές, ισχυρές ενέργειες

Γνωρίζουμε πλέον: Τα πάντα είναι ενέργεια. Η ενέργεια βρίσκεται διαρκώς σε κίνηση και μετασχηματισμό. Αν εμείς οι άνθρωποι διδασκόμαστε από τις λανθασμένες στάσεις μας, επιδιώκουμε να αποδεχτούμε τον Κοσμικό Παν-νόμο, την Παν-συνείδηση, το Πνεύμα της αγάπης, της ενότητας, της ελευθερίας και της ειρήνης και να παρατηρούμε τους εαυτούς μας ως προς αυτά, ώστε να κάνουμε πράγματι τα βήματα προς τη Κοσμική ζωή, τότε μέσα στην ψυχή μας και μέσα σ' εμάς, τον άνθρωπο, συντελείται το εξής:

Το αρνητικό, το βάρος, το φορτίο των αρνητικών ενεργειών που μας τραβούν προς τα κάτω, μετατρέπεται βαθμιαία σε θετικές, ελαφριές και ισχυρές ενέργειες. Γινόμαστε πιο χαρούμενοι, πιο ευτυχισμένοι και – αν αυτό βοηθά στην ωρίμανση της ψυχής – πιο υγιείς. Επειδή κάθε άνθρωπος είναι ο μικρόκοσμος μέσα και στους δύο μακροκόσμους, συντελούνται τα ίδια τόσο μέσα στον άνθρωπο όσο και μέσα στην ψυχή.

Κατά την μετατροπή της ενέργειας, λοιπόν, η ψυχή του ανθρώπου γίνεται πιο φωτεινή, το φυσικό του σώμα ελαφρότερο ως προς τη δόνησή του. Η επίγεια ζωή ενός τέτοιου ανθρώπου γίνεται πιο ισορροπημένη· ο άνθρωπος δείχνει περισσότερη κατανόηση, γίνεται πιο προσιτός και πιο συνετός. Γενικά, αυτό σημαίνει: Ο άνθρωπος βρίσκεται στο μήκος κύματος θετικής διαβίωσης.

ς ειπωθεί άλλη μια φορά: η όλη συμπεριφορά κάθε ανθρώπου – το περιεχόμενο του σκέφτεσθαι και του πράττειν του, όλα τα υπέρ και κατά, όλες οι λεπτομέρειες υπέρ ή εναντίον των συνανθρώπων του και των βασιλείων της φύσης – , όλα είναι καταγεγραμμένα. Κάθε δράση ή παράλειψη, μεταξύ άλλων το βαρύ σε περιεχόμενο βασικό κακό, το αντιθετικό που συμπίπτει ενεργειακά και ως προς το βαθμό σοβαρότητας μ' αυτό ομοφρονούντων ανθρώπων, απαρτίζει ένα ομαδικό κάρμα ή προσδένεται σ' ένα ήδη υπαρκτό ομοειδές ομαδικό κάρμα ή εισέρχεται, ανάλογα με την ένταση της ενοχής, στο παγκόσμιο κάρμα. Όλα, μα όλα, καταγράφονται από τον υλικό μακρόκοσμο και ταυτόχρονα, λεπτομερώς για την κάθε ψυχή, από τον λεπτότερης ύλης κόσμο, από πλανητικούς αστερισμούς, στους οποίους η ψυχή κατατάσσεται ενεργειακά ανάλογα μ' αυτά που διοχετεύει ο άνθρωπός της.

Για περαιτέρω προβληματισμό, ιδού ένα παράδειγμα, που αν και φαίνεται ασήμαντο σε πολλούς ανθρώπους, μας δείχνει ότι όλα έχουν επίδραση: Όποιος κόβει δέντρα, ενώ κυκλοφορούν οι χυμοί τους, για να τα χρησιμοποιήσει ως διακόσμηση σε παραδοσιακές γιορτές, μπορεί να είναι σίγουρος ότι θα καταγραφεί σε τέτοια καρμικά πεδία υπό την κατηγορία ομαδικών κάρμα του μακρόκοσμου, καθώς και στον λεπτότερης ύλης μακρόκοσμο. Αποτιμάται το πόσο συχνά και με ποια ένταση ο καθένας παραβιάζει τη ζωή.

Πολλοί άνθρωποι ζουν ξέγνοιαστοι χωρίς να διερωτούνται: «Τι προκαλώ με τη συμπεριφορά μου;» Η πλειονότητα των ανθρώπων δεσμεύεται χωρίς πολλή σκέψη σε παραδόσεις. Στο αρχείο καταγραφής των μακρόκοσμων, η συνεχής, κατά παράδοση, υπερεκμετάλλευση της φύσης υπάγεται σ' ένα αντίστοιχο ομαδικό κάρμα ή ήδη σ' ένα παγκόσμιο κάρμα.

Ελάχιστοι άνθρωποι γνωρίζουν πως τη στιγμή που κόβουν ένα ή και περισσότερα δέντρα στο στάδιο κυκλοφορίας των χυμών τους, οι ίδιες μορφές ζωής, τα ίδια είδη δέντρων σ' ολόκληρη τη Γη βιώνουν ταυτόχρονα τα ίδια δεινά. Το ίδιο ισχύει και για το ζωικό κόσμο. Ο βασανισμός και η κακόβουλη, εσκεμμένη θανάτωση των ζώων, ο σφαγιασμός τους, γίνονται επακριβώς αντιληπτά με οδυνηρό τρόπο από τα ίδια ζωικά γένη σ' ολόκληρη τη Γη. Τη συνολική έκταση την καταγράφουν με κάθε λεπτομέρεια οι μακρόκοσμοι.

Το ίδιο ισχύει όταν ζώα περιθάλπονται, όταν άνθρωποι αγαπούν τα ζώα, όταν άνθρωποι μεριμνούν γι' αυτά μέχρι το φυσιολογικό τους θάνατο· τα πάντα είναι καταγεγραμμένα και στους δύο μακρόκοσμους. Επίσης, όποιος σέβεται τη φύση, όποιος την προστατεύει, όποιος αντιλαμβάνεται και προσέχει τη ζωή μέσα στη φύση, όποιος φροντίζει τη φύση, καταγράφεται επακριβώς και στους δύο μακρόκοσμους.

Ο λεπτότερης ύλης και ο χονδροειδούς ύλης μακρόκοσμος
– η λειτουργία τους στα Κοσμικά δρώμενα

Ο Θεός είναι Πνεύμα. Για καλύτερη κατανόηση, μια επεξήγηση της λέξης «Θεός» που πολλοί κατατάσσουν στον παραδοσιακό δυτικό πολιτισμικό χώρο: Το Πνεύμα του Απείρου είναι η Κοσμική Παν-συνείδηση. Εμείς οι άνθρωποι, ανάλογα με τον πολιτισμικό χώρο, αποκαλούμε την Κοσμική Παν-συνείδηση είτε απόλυτη νοημοσύνη, Αλλάχ, Ιεχωβά είτε το Είναι· στη Δύση, όπως ειπώθηκε, το Παν-πνεύμα, το Πνεύμα του Απείρου, ονομάζεται Θεός. Είναι πάντα το ίδιο Πνεύμα, η ίδια οικουμενική, πανίσχυρη και στον υπέρτατο βαθμό δονούμενη δύναμη του Απείρου, η Παν-συνείδηση. Το Πνεύμα του Απείρου, η Παν-συνείδηση, που είναι η ζωή μέσα στα πάντα, είναι ενότητα. Η Παν-συνείδηση, το άπειρο Πνεύμα που είναι ενότητα, έχει αναρίθμητες όψεις συνείδησης.

Οι δύο μακρόκοσμοι – ο υλικός μακρόκοσμος στον οποίο είναι καταγεγραμμένος κυρίως ο τρισδιάστατος κόσμος, και ο λεπτότερης ύλης μακρόκοσμος στον οποίο ζουν οι απενσαρκωμένες ψυχές ανάλογα με το επίπεδο συνείδησής τους – είναι απλά περιοχές της πτώσης που εισπνέονται από την Παν-συνείδηση μετά την παρέλευση ορισμένου χρονικού διαστήματος. Κατά τη διαδικασία αυτή, θα μετατραπούν σε λεπτοφυείς ενέργειες και θα επανενταχθούν στο αιώνια υφιστάμενο Βασίλειο του Θεού, στον απόλυτο μακρόκοσμο. Από το Βασίλειο του Θεού δόθηκαν στα θεϊκά όντα που αποστάτησαν από τον Θεό λεπτοφυή μέρη πλανητών, που εντός αφάνταστου χρονικού διαστήματος αποκρυσταλλώθηκαν στο λεπτότερης ύλης μακρόκοσμο και στο χονδροειδούς ύλης μακρόκοσμο, έτσι ώστε τα όντα-αποστάτες να έχουν ένα προσωρινό τόπο διαμονής. Οι δύο μακρόκοσμοι – ο λεπτότερης ύλης και ο χονδροειδούς ύλης – έχουν, λοιπόν, περιορισμένη διάρκεια.

Το υλικό σύμπαν είναι το αρχείο καταγραφής του τρισδιάστατου κόσμου, ενός κόσμου

τον οποίο τα όντα της πτώσης και οι άνθρω-
ποι δημιούργησαν για τον εαυτό τους λόγω της
απομάκρυνσής τους από τον Θεό. Στον υλικό
μακρόκοσμο βρίσκονται, όπως ειπώθηκε, οι λε-
γόμενες μήτρες, τα ενεργειακά κουκούλια για
μια ενδεχόμενη νέα ενσάρκωση μιας ψυχής,
έτσι ώστε αυτή να ξαναβρεί ως άνθρωπος στον
τρισδιάστατο κόσμο τις αντίστοιχές της συν-
θήκες επίγειας ζωής. Αυτή η εναλλαγή έλευσης
και αποχώρησης έγκειται στην ελεύθερη βού-
ληση του ανθρώπου.

Η παν-περιέχουσα δράση του αιώνιου Πνεύματος,
της Κοσμικής Παν-συνείδησης

Κοσμική Παν-συνείδηση είναι το Πνεύμα της ενότητας, το οποίο δρα, όπως ειπώθηκε, όχι μόνο σε όλα τα είδη φυτών, σε κάθε ζώο, στα πιο μικρά και αφανή έμβια όντα, π.χ. στα μικρόβια· παντού είναι παρόν το Παν-πνεύμα, η Παν-συνείδηση. Στην Παν-συνείδηση ανήκουν επίσης οι ουσίες όλων των ορυκτών. Όλα, μα όλα, περιέχουν την άπειρη, παντοτινή ζωή, που είναι η Παν-συνείδηση, μέσα στην οποία λαμβάνει χώρα η διαρκής εξέλιξη. Δεν υπάρχει τίποτε που να μην φέρει μέσα του την Παν-συνείδηση. Κάθε άτομο, κάθε μόριο, το πιο μικρό δομικό στοιχείο του Παντός είναι φορέας της Παν-συνείδησης, φορέας της αιώνια δρώσας ζωής.

Όλοι οι άνθρωποι και όλες οι ψυχές ανήκουν στην Παν-συνείδηση, στη ζωή. Αντίθετα, στο Βασίλειο του Θεού, όλα τα αγνά όντα είναι συμπιεσμένη Παν-συνείδηση· το πνευματικό τους σώμα είναι θεϊκό, δεν είναι, όμως, ο ίδιος ο Θεός. Η διαφορά μεταξύ του να «ανήκω κάπου», δηλαδή να ανήκω στην Παν-συνείδηση, και του να είμαι συμπιεσμένη Παν-συνείδηση είναι η εξής – ας επαναληφθεί:

Ο υλικός κόσμος και ο λεπτότερης ύλης κόσμος είναι και οι δύο ενέργεια μετασχηματισμένη σε χαμηλότερο επίπεδο, θραύσματα που αποσπάστηκαν από το Βασίλειο του Θεού. Όπως προαναφέρθηκε, αυτοί οι κόσμοι είναι περιορισμένης διάρκειας. Υπηρετούν τους ανθρώπους και τις ψυχές, δηλαδή τα όντα που απομακρύνθηκαν από την Παν-συνείδηση, τον Θεό. Η απομάκρυνση από το Θεό αποκαλείται επίσης αμαρτία.

Τα βασίλεια της φύσης, όλα τα ορυκτά, όλες οι δυνάμεις της Γης, όπως τα ζώα, τα φυτά, τα ορυκτά και άλλα πολλά δεν είναι επιβαρημένα. Δόθηκαν στους ανθρώπους προς βαθύτερη κατανόηση, επίγνωση και μεταστροφή, προκειμένου αυτοί να φτάσουν από την εγωπάθεια στην ενότητα, που είναι ο Θέος, διότι κάθε ζωή ανήκει στη θεϊκή ενότητα. Ο άνθρωπος ανήκει στο βάθος της ψυχής του στη μία ρίζα, στην ενότητα μέσα στον Θεό. Ο άνθρωπος στο βάθος της ψυχής του δεν είναι από αυτό τον κόσμο· το αληθινό του ον προέρχεται από το Βασίλειο του Θεού, την Παν-συνείδηση ΘΕΟΣ, την αιώνια νοημοσύνη, και κάποτε θα επιστρέψει ξανά στην προαιώνιά του ρίζα της αγάπης, της ενότητας, της ειρήνης και της ελευθερίας.

Όσο μακρύς κι αν είναι ακόμα ο δρόμος της διευθέτησης της ενοχής, ο δρόμος της λήθης για την ψυχή, θα τον βαδίσει, για να ξαναβρεθεί τελικά ως πνευματικό ον στον αιώνιο πατρικό οίκο, κοντά στο Θεό, τον Πατέρα της.

Δυστυχώς, οι περισσότεροι άνθρωποι δεν έχουν ακόμα αντιληφθεί ότι επιβαρύνουν τον εαυτό τους και επομένως τις ψυχές τους, όταν ενεργούν εναντίον της ενότητας, που είναι η ζωή εν Θεώ, δηλαδή εναντίον ανθρώπων, εναντίον της Κοσμικής ενότητας, εναντίον των βασιλείων της φύσης, εναντίον ολόκληρης της Γης. Όποιος σκέφτεται και ενεργεί ενάντια στη ζωή, αμαρταίνει ενάντια στην Παν-συνείδηση, στον Παν-νόμο, στο Πνεύμα της ελευθερίας, της ενότητας· παραβιάζει, λοιπόν, τη ζωή.

Πολλοί άνθρωποι είναι δέσμιοι της επιστήμης. Πολλοί είναι της άποψης ότι η επιστήμη θα έπρεπε να γνωρίζει τους Κοσμικούς συσχετισμούς. Πώς έχουν όμως τα πράγματα; Οι επιστήμονες ερευνούν και ερευνούν, ωστόσο μέχρι τώρα δεν έχουν ακόμα εξερευνήσει την Παν-νοημοσύνη, την Παν-συνείδηση. Μιλούν για παράδειγμα για τις λεγόμενες «μαύρες τρύπες» στον υλικό κόσμο, γνωρίζουν ότι αυτές έλκουν ολόκληρα ηλιακά συστήματα και ότι μέσα σ' αυτές μετασχηματίζονται ενέργειες· όμως παραμένει ανοιχτό το γιατί και για ποιο σκοπό.

Η Παν-συνείδηση είναι η δημιουργούσα δύναμη, είναι ο Δημιουργός που και σ' ολόκληρη την περιοχή της πτώσης δρα αδιάλειπτα και μετασχηματίζει, δηλαδή ανασυντάσσει, ενέργειες για το καλό του αιώνιου Είναι, στο οποίο ανήκει ολόκληρο το Άπειρο. Όσον αφορά τον νόμο του ενεργειακού μετασχηματισμού, οι μαύρες τρύπες θα μπορούσαν δίχως άλλο να χαρακτηριστούν ως Κοσμικές «μηχανές ταξινόμησης», οι οποίες μετασχηματίζουν τις ενέργειες τμημάτων πλανητών μέχρι και ηλιακών συστημάτων, κατατάσσοντάς τες στους αντίστοιχους κόσμους. Αυτές οι ενέργειες θα περάσουν στη συνέχεια είτε εκ νέου στον χονδροειδούς ύλης μακρόκοσμο είτε στον λεπτότερο κόσμο, ανάλογα με το αν η ζωή εξαπλώνεται περαιτέρω στη Γη ή αν μπορεί να επαναφερθεί στον προαιώνιο νόμο, στην Παν-συνείδηση.

Όταν π.χ. πεθαίνουν ή ακόμη και εξαφανίζονται πολλά είδη ζώων και τα είδη αυτά δεν επανεμφανιστούν πια στη Γη, τότε ουράνια σώματα του υλικού μακροκόσμου θα προσελκυστούν από τις μαύρες τρύπες και θα μετατραπούν σε λεπτότερες ενεργειακές ουσίες. Εμείς οι άνθρωποι αποκαλούμε τέτοιες μεταβολές στον υλικό μακρόκοσμο «θάνατο» ηλίων και πλανητών. Δεν μπορεί όμως να γίνει λόγος για «θάνατο» με την αρνητική έννοια. Τίποτε δεν εξαφανίζεται έτσι απλά από το μεγάλο φάσμα των μορφών ζωής. Τίποτε δεν διαλύεται στο τίποτα. Το «τίποτα» δεν υπάρχει! Πρόκειται για «θάνατο» με την εξής έννοια: κάτι αφήνει τη παλιά του μορφή, προκειμένου να πάρει μια άλλη, ανώτερη μορφή του Είναι: πιο ακτινοβόλα, πιο φωτεινή, προσεγγίζοντας τις πνευματικές καταβολές.

Οι μαύρες τρύπες έλκουν, λοιπόν, μαγνητικά εκείνα τα ουράνια σώματα που χρήζουν μετασχηματισμού, επειδή π.χ. κάποια είδη ζώων αποσύρονται από τη Γη.

Ομοίως, όσα αρνητικά εισήγαγαν οι αλλοτινοί άνθρωποι μετασχηματίζονται ενεργειακά, επειδή οι ψυχές τους έχουν εξελιχθεί προς ανώτερα επίπεδα στο δρόμο της διευθέτησης και της λήθης. Επίσης, μ' αυτό τον τρόπο μετασχηματίζονται ουράνια σώματα και οδηγούνται σε μια υψηλότερη συνείδηση.

Το δημιουργόν Πνεύμα, η Παν-συνείδηση, δραστηριοποιείται ακατάπαυστα. Δρα στον λεπτότερης ύλης κόσμο, όπου διαμένουν οι ψυχές· δρα μέσα και πάνω στη Γη και πάνω απ' αυτήν, καθώς και στον υλικό μακρόκοσμο. Κατευθύνει τις δυνάμεις, μετατρέπει ενεργειακά ουσίες σε ουσίες λεπτότερης υφής, δυνάμεις σε λεπτοφυείς ή εκ νέου σε πιο χονδροειδείς, και τις κατατάσσει στη συνέχεια στον υλικό μακρόκοσμο. Αυτό γίνεται, μεταξύ άλλων, όταν ψυχές ενσαρκώνονται ή όταν ορισμένες ομοταξίες της φύσης επανεμφανίζονται στη Γη, όπως π.χ. είδη ζώων ή φυτών.

Είναι ανάγκη να συνειδητοποιήσουμε τους μεγαλύτερους νοηματικούς συσχετισμούς, γι' αυτό γίνονται οι επαναλήψεις. Είτε ο άνθρωπος στη Γη απλά υποστηρίζει σχήματα και παραδόσεις ή έχει εμπλοκή σ' αυτά, είτε αποκομίζει κέρδος - και το ποσό του κέρδους - από εγχειρήματα ενάντια στη Γη, στις μορφές ζωής και στους πόρους της, όλα, πράγματι τα πάντα ζυγίζονται, μετρούνται και καταγράφονται ανάλογα με τη δραστηριότητα του κάθε ατόμου.

Αγαπητοί αναγνώστες, αγαπητές αναγνώστριες, θα μπορούσαν να ειπωθούν ακόμα πολλά, απείρως πολλά, περί της Κοσμικής τήρησης βιβλίων, του δίκαιου αρχείου καταγραφής της Παν-συνείδησης. Ακόμη και αν ολόκληρα ράφια βιβλίων γέμιζαν με το θέμα «Ο άνθρωπος, ο μικρόκοσμος μέσα στο μακρόκοσμο» ή το θέμα «Η ψυχή στις περιοχές κάθαρσης», περί του αρνητικού και θετικού ισοζυγίου, περί της απόλυτης δικαιοσύνης της Παν-συνείδησης, δεν θα μπορούσαν να εκτεθούν τα πάντα.

Ο δρόμος της λήθης –
ο δρόμος της επιστροφής για κάθε ψυχή
προς την αιώνια ουράνια πατρίδα

Ας εμβαθύνουμε περισσότερο στο θέμα «Ο δρόμος της λήθης». Ο δρόμος της λήθης είναι ο δρόμος προς το επταδιάστατο αέναο Βασίλειο του Θεού, προς την αιώνια πατρίδα μας, προς την αιώνια αρχέγονη ρίζα του θεϊκού όντος που πάλλεται στα βάθη κάθε ψυχής. Όσες φορές και όσο καιρό κι αν βαδίζουμε το δρόμο της λήθης – η ψυχή διαμέσου πλανητικών αστερισμών του λεπτότερης ύλης μακροκόσμου ή σε περαιτέρω ενσαρκώσεις ως άνθρωποι – ο δρόμος είναι χαραγμένος, διότι καμία ενέργεια δεν χάνεται. Ας συνειδητοποιήσουμε όσο πιο συχνά γίνεται: Το θεϊκό μας σώμα στα βάθη της ψυχής μας είναι αιώνια Κοσμική ενέργεια προερχόμενη από το Βασίλειο του Θεού· ως εκ τούτου, καμία ψυχή ποτέ δεν θα χαθεί.

Ο δρόμος της λήθης αποδίδεται εδώ μόνο με απλά λόγια, επειδή είναι ο δρόμος προς το επταδιάστατο αιώνιο Βασίλειο, τον αιώνιο, λεπτοφυή μακρόκοσμο, ο οποίος δεν μπορεί να περιγραφεί συνολικά ούτε λεπτομερώς με τις τρισδιάστατες λέξεις και έννοιές μας. Στην επίγεια ζωή του ανθρώπου, τα πάντα υπόκεινται στον περιορισμό των τριών διαστάσεων, το ίδιο και η γλώσσα μας. Γι' αυτό, όσα συνέβησαν εξαιτίας των σκέψεων της πτώσης, εξαιτίας της απόσχισης από το Βασίλειο του Θεού, παρουσιάζονται εδώ με απλά λόγια, στο βαθμό που είναι δυνατό να γίνουν κατανοητά. Κάθε νεόπλαστη επιστημονική έκφραση και κάθε μαθηματικός τύπος θα επέφεραν μόνο περισσότερη σύγχυση στην περιγραφή του μεγάλου συμβάντος, το οποίο, όπως ειπώθηκε, μπορεί ούτως ή άλλως μόνο να σκιαγραφηθεί με τρισδιάστατες λέξεις.

Ο Θεός είναι ένας δίκαιος Θεός. Η δημιουργούσα δύναμή Του αφορά, όσο διαρκεί η πτώση, την συμπαράσταση και βοήθεια για τα ακόμα επιβαρημένα παιδιά Του, καθώς και τον μετασχηματισμό του λεπτότερης ύλης μακρόκοσμου και του υλικού μακρόκοσμου, διότι αυτές οι ενέργειες ανήκουν στο Βασίλειο του Θεού, στον απόλυτο μακρόκοσμο.

Όπως προαναφέρθηκε, εμείς οι άνθρωποι ξεχνάμε πολλά όσον αφορά το παρελθόν μας. Ωστόσο, πολλά από αυτά δεν έχουν εξαλειφθεί, ούτε αρθεί, ούτε μετασχηματιστεί σε ανώτερες δυνάμεις, ούτε καν όταν δεν τα θυμόμαστε πια ή δεν θέλουμε πια να τα θυμόμαστε. Πολλές φορές δεν θέλουμε να παραδεχτούμε, να αντικρίσουμε κατάματα αυτό που επιβαρύνει την ψυχή και το σώμα μας σε σχέση με τους ανθρώπους, τη φύση, τα ζώα και τα ορυκτά, όσον αφορά ολόκληρη τη Γη.

Ο άνθρωπος διαπλάθεται, ως γνωστόν, μέσω των τριών διαστάσεων. Η ψυχή του, εντούτοις, είναι από λεπτότερη ουσία. Περιβάλλεται από εκείνη τη διάσταση, την οποία ακτινοβολεί σύμφωνα με τη συμπεριφορά του ανθρώπινου περιβλήματός της. Γι' αυτό δεν είναι ορατή στους ανθρώπους, ούτε σε ενσαρκωμένη ούτε σε απενσαρκωμένη κατάσταση. Ο άνθρωπος δεν μπορεί να αποβάλλει έτσι εύκολα ή να αγνοήσει ηθελημένα όσα η ψυχή έχει αποθηκεύσει μέσω της συμπεριφοράς του· δεν μπορεί να αναιρέσει αυτό που έγινε.

Μετά από το σωματικό μας θάνατο, η ψυχή μας παίρνει μαζί της τόσο τα θετικά όσο και τα αδιευθέτητα αρνητικά, όπως αυτά αντιστοιχούσαν στην εξελικτική της πορεία ως άνθρωπος. Δεν παίζει κανένα ρόλο αν ο αλλοτινός άνθρωπος τα ξέχασε ή ήθελε να τα ξεχάσει ή αν δεν τα θυμάται πια· ό,τι είναι αποθηκευμένο, είναι αποθηκευμένο.

Η διαδρομή της ψυχής
μετά την αποβίωση
του φυσικού της σώματος

Σύμφωνα με τον νόμο της φύσης, το υλικό σώμα ανήκει στη Γη. Τη στιγμή της αποβίωσης, η ψυχή αποσυνδέεται βαθμιαία από το θνητό περίβλημα, το σώμα, και αμέσως υπάγεται σε μια διαφορετική κατάσταση συνείδησης, σε μια ταιριαστή της διάσταση.

Το δέσιμο με ανθρώπους που ήταν πολύ οικείοι με τον μόλις εκλιπόντα, που συμβίωσαν μ' αυτόν για πολλά χρόνια, που απέκτησαν μαζί του αρκετά πράγματα στην επίγεια ύπαρξη και οικοδόμησαν για τις οικογένειες τους ή τους γνωστούς τους πράγματα αξίας γι' αυτούς, μπορεί να γίνει πρόβλημα για τον αποθανόντα.

Όσοι έμειναν πίσω δεν βλέπουν την ψυχή του ανθρώπου, με τον οποίο άλλοτε είχαν στενή σχέση. Αντιστρόφως, η ψυχή βλέπει τους ανθρώπους με τους οποίους ζούσε και δρούσε, επειδή ο ίδιος μαγνήτης, είτε είναι άνθρωπος είτε ψυχή, έλκει ξανά και ξανά το όμοιό του. Το πρώτο διάστημα μετά το σωματικό θάνατο του ανθρώπου, η ψυχή του βρίσκεται ακόμα ανάμεσα στους οικείους της. Ζει ακόμα βλέποντας την αξία της ως ανθρώπου, μέσα σε όλα όσα σήμαιναν για τον άνθρωπο πατρίδα, ασφάλεια, κέρδος, υπόληψη και άλλα παρόμοια, όσα, λοιπόν, του ήταν σημαντικά. Η ψυχή αυτού του ανθρώπου δεν μπορεί να απαγκιστρωθεί εύκολα απ' αυτά· η μαγνητική έλξη προς τις εξωτερικές αξίες είναι υπερβολικά σπουδαία. Ο μαγνήτης είναι το περιβάλλον, στο οποίο ο αλλοτινός άνθρωπος αισθανόταν άνετα, όπου καλλιεργούσε τις συνήθειές του, όπου έχαιρε υπόληψης, όπου κατείχε αγαθά, αποκόμιζε κέρδη και άλλα πολλά. Αν η ψυχή, αναγνωρίζοντας ότι τώρα πια είναι ψυχή, δεν μπορεί να απαγκιστρωθεί απ' όλα αυτά χωρίς δυσκολία, τότε παραμένει, αόρατη στα μάτια των ανθρώπων, στο οικείο της γήινο περιβάλλον.

Η ψυχή αρνείται αρχικά να παραδεχτεί τις ωθήσεις που φτάνουν σ' αυτήν σχετικά με την περαιτέρω εξελικτική πορεία της, διότι αυτές διεγείρουν μέσα της πολλά μη ξεπερασμένα πράγματα, που ως άνθρωπος ήθελε να ξεχάσει ή ξέχασε.

Όσα καταχωρήθηκαν στον υλικό μακρόκοσμο προβάλλουν όλο και πιο σαφώς μέσα στην ψυχή. Τα λησμονημένα, σε μορφή διαφορετικών εικονοσειρών, επισημαίνουν στην ψυχή να διορθώσει, δηλαδή να διευθετήσει τώρα μέσα στα συναισθήματα και αισθήματά της, τα αρνητικά που είναι και πάλι επίκαιρα και αναγνωρίσιμα, έτσι ώστε να απαγκιστρωθεί απ' αυτά και στη συνέχεια να τα ξεχάσει.

Όλα τα βάσανα, η οδύνη και ο πόνος που έχουμε προκαλέσει σε συνανθρώπους μέσω της εγωπάθειας ή της αδιαφορίας μας, θα ζωντανέψουν σ' αυτές τις εικονοσειρές. Αφού αυτές οι εικόνες αποτελούν την χάραξη μέσα στην ψυχή μας, δεν μπορούμε απλά να τις αποτινάξουμε, αλλά θα τις βιώσουμε στο ψυχοσώμα μας. Ως ψυχές, θα αντικρίσουμε, θα υποστούμε και θα υπομείνουμε στο ψυχοσώμα μας πόνους, πένθος, μοναξιά, εγκατάλειψη, βάσανα και έγνοιες που υπέστησαν οι άλλοι εξαιτίας μας. Γι' αυτό δίδαξε ο Ιησούς, ο Ναζωραίος – και ας επαναληφθεί:

«Συμφιλιώσου με τον αντίδικό σου χωρίς δισταγμό, όσο είσαι ακόμα μαζί του στο δρόμο προς το δικαστήριο. Αλλιώς ο αντίδικός σου θα σε οδηγήσει μπροστά στον δικαστή και ο δικαστής θα σε παραδώσει στο δεσμοφύλακα και θα ριχθείς στη φυλακή.»

Πέρα από τη συνείδηση εκπομπής του χονδροειδούς ύλης μακρόκοσμου, ένας πλανητικός αστερισμός από τον λεπτότερης ύλης μακρόκοσμο δίνει στην ψυχή, δια της ενεργειακής οδού, υποδείξεις για την πορεία προς τον επόμενο προορισμό της. Αν εμείς οι άνθρωποι συνειδητοποιήσουμε πως ο καθένας πεθαίνει μόνος και βαδίζει μόνος του το δρόμο της λήθης, τότε μας είναι πολύ πιο εύκολο να καταλάβουμε ότι ο καθένας μας είναι ένα ξεχωριστό άτομο που περιβάλλεται ενεργειακά από τα δικά του, προσωπικά δεδομένα που έχει διοχετεύσει μέσα του. Αυτό είναι το αιθερικό ρευστό της ύπαρξής του, εδώ ως ανθρώπου, εκεί πέρα ως ψυχής.

Κάθε άνθρωπος έχει την χαρακτηριστική ημερήσια πορεία του με το ατομικό του αποτύπωμα. Όλες οι καθημερινές διεργασίες, οι παραλλαγές συμπεριφοράς του ανθρώπου, συνοδεύονται από τον υλικό μακρόκοσμο. Όλη η γκάμα των αναγκών, όλες οι συνήθειες και καθιερωμένες πρακτικές είναι ενέργειες, συχνά αποθηκευμένες στον μακρόκοσμο ως ομοιογενείς δέσμες ενεργειακών συνόλων. Καμία ενέργεια δεν χάνεται. Όλα τα προσωπικά πράγματα και οι συμβατικές συνήθειες που σε τελική ανάλυση ανήκουν σε κάθε άνθρωπο ξεχωριστά, καταγράφονται συχνά μέσα στον υλικό μακρόκοσμο. Ακόμα και όταν αυτά τα χαρακτηριστικά γνωρίσματα, που συνοδεύουν αυτόματα την ύπαρξη στον τρισδιάστατό μας κόσμο, δεν μας επιβαρύνουν, αποτελούν παραταύτα μέρος του δρόμου της λήθης.

Η απενσαρκωμένη ψυχή δεν χρειάζεται πια τίποτα απ' αυτά που εκτελούμε εμείς οι άνθρωποι κάθε μέρα εντελώς αυτονόητα, όπως το απαιτεί απλά η επίγεια ζωή. Ζει σε μια άλλη διάσταση που είναι από λεπτότερη ύλη. Ωστόσο, διατηρεί τις συνήθειές της για πολύ καιρό. Κάθε δράση είναι ενέργεια.

Ας αποσαφηνιστεί ξανά: Όλα όσα ανήκουν στον άνθρωπο στον τρισδιάστατο κόσμο, έστω κι αν δεν είναι βάρος για την ψυχή, η ψυχή τα παίρνει παρ' όλ' αυτά μαζί της στον άλλο κόσμο, στο υπερπέραν. Συνεπώς, πρέπει να αποβάλει στο δρόμο της λήθης και αυτά που δεν την έχουν επιβαρύνει.

Όλα όσα, όμως, είναι επιβαρυντικά για την ψυχή, αποθηκεύονται από πλανητικούς αστερισμούς του μακρόκοσμου λεπτότερης ύλης. Μεγάλες επιβαρύνσεις που προκάλεσε ο άνθρωπος μπορεί να αποτελούν μια σοβαρή εγχάραξη και να πάρουν επιπλέον στον υλικό μακρόκοσμο, όπως ήδη αναφέρθηκε, τη μορφή μιας λεγόμενης μήτρας, που ονομάζεται και κουκούλι. Με αυτό τον τρόπο δίνεται στην σοβαρά βεβαρημένη ψυχή η δυνατότητα να μετενσαρκωθεί. Θα νιώσει την ορμή να μετενσαρκωθεί, αν θέλει να ξαναζήσει ως άνθρωπος, χωρίς να απαγκιστρωθεί από τις μέχρι τότε ενέργειές της ως ανθρώπου.

Όταν, συνεπώς, δύο άνθρωποι, ένας άνδρας και μια γυναίκα, με ακτινοβολία παρόμοια με τη διάπλαση της εν λόγω ψυχής, αποκτήσουν ένα παιδί, τότε αυτή η ψυχή θα κάνει το παν για να είναι ως νεογέννητο ανθρώπινο παιδί μαζί μ' αυτούς τους γονείς. Δεν υπάρχουν συμπτώσεις· τα όμοια και τα παρόμοια αλληλοέλκονται.

Μια απενσαρκωμένη ψυχή, δεμένη με το άλλοτε περιβάλλον της

Τίποτε λοιπόν δεν συμβαίνει τυχαία! Τα πάντα καθοδηγούνται, τα πάντα καθευθύνονται, τα πάντα τίθενται σε κίνηση την κατάλληλη στιγμή και αργά ή γρήγορα γίνονται φανερά. Αρκετές ψυχές που έχουν δεθεί ως άνθρωποι με επίγεια πράγματα δυσκολεύονται πάρα πολύ να αποχωριστούν π.χ τόπους, χώρες, χρήματα και αγαθά. Το περιβάλλον που ήταν ευχάριστο και επωφελές για τον αλλοτινό άνθρωπο δεσμεύει κάμποσες ψυχές. Ευαίσθητοι άνθρωποι αντιλαμβάνονται την παρουσία της ψυχής ενός ανθρώπου που πέθανε πριν από λίγο. Συχνά αναφέρεται:

Η αποθανούσα μητέρα – ο πατέρας, ο παππούς, η γιαγιά ή ακόμη και όταν ένα παιδί μιας οικογένειας πέθανε – είναι ακόμα κοντά, αόρατοι μεν, αλλά αισθητώς παρόντες. Άνθρωποι λιγότερο ευαίσθητοι, άνθρωποι που δίνουν έμφαση σ' αυτό τον κόσμο ως την μοναδική πραγματικότητα, θα παραμερίσουν τέτοια αισθήματα παρουσίας σαν συναισθηματισμό ή φαντασίωση.

Είναι δυνατό να φανταστούμε ότι αρκετές ψυχές δυσκολεύονται να αποσυνδεθούν από το συνηθισμένο περιβάλλον τους, αν ως άνθρωποι περιβάλλονταν από μεγάλες περιουσίες, από έναν εκκεντρικό τρόπο ζωής, από εορταστικές τελετές και χλιδή, αν ζούσαν σε όμορφα τοπία, αν απέκτησαν γόητρο μέσω ιδιοκτησίας και άλλα πολλά. Όλα όσα θεωρεί ο άνθρωπος κτήμα του και στα οποία έχει προσκολληθεί, είναι για μια τέτοια ψυχή συχνά τροχοπέδη που την εμποδίζει να αποχωριστεί αυτόν τον τρόπο ζωής που την δεσμεύει.

Αν η ψυχή αδυνατεί να αποκολληθεί από το περιβάλλον της, τότε είναι πιθανόν να εξακολουθεί να ζει ανάμεσα σ' αυτούς τους ανθρώπους, με τους οποίους έζησε ως άνθρωπος και απόλαυσε την επίγεια ζωή με αφθονία και πλούτο. Παρεμβάλλεται στις κουβέντες των οικείων της, όμως δεν ακούγεται ούτε γίνεται αντιληπτή. Αυτό δεν είναι μόνο πολύ οδυνηρό και απαράδεκτο για μια τέτοια ψυχή, αλλά επιπλέ-ον αυτές οι περιστάσεις την παροτρύνουν συ-χνά να μετενσαρκωθεί, να γίνει ξανά άνθρωπος.

Ένα περαιτέρω, παρόμοιο παράδειγμα: Ρίγος διατρέχει που και που την πλάτη ενός ευαίσθη-του ανθρώπου που ήταν στενά συνδεδεμένος με κάποιον αποθανόντα, και αυτός σκέφτεται: «Η ψυχή του πρόσφατα εκλιπόντος πατέρα εί-ναι ακόμα εδώ· ακούει τι λέμε, παίρνει μέρος στη συνομιλία». Δεν μπορεί να παραμεριστεί αυτή η εντύπωση, και αυτός ο άνθρωπος λέει: «Το αισθάνομαι καθαρά». Γιατί διατρέχει ένα ρίγος την πλάτη του; Επειδή η παρευρισκόμενη ψυχή έχει αγγίξει αυτό τον άνθρωπο, θέλει να περάσει ένα μήνυμα, να επικοινωνήσει.

Η ανατριχίλα που νιώθουν κάποιοι άνθρωποι είναι η σωματική ακτινοβολία του λεπτότερης ουσίας σώματος, της ψυχής, δηλαδή το αιθέριο ρευστό που περιβάλλει την ψυχή. Η ακτινοβο-λία της ψυχής είναι κατά πολύ ψυχρότερη από τη σωματική ακτινοβολία, και σε αυτό οφείλε-ται το σύντομο ρίγος που διατρέχει την πλάτη κατά μήκος των νευρικών οδών.

Ασχέτως σε ποιο περιβάλλον μεγάλωσε και έζησε ο άλλοτε άνθρωπος, η ψυχή παραμένει, ως επί το πλείστον, για αρκετό διάστημα σ' αυτό τον τόπο και προσπαθεί να συνεχίσει να ζει, όπως συνήθιζε ως άνθρωπος, εντός της αλλοτινής ακτίνας δράσης της. Δεν είναι σπάνιο, μια ψυχή να αναγκαστεί να αναγνωρίσει με οδυνηρό τρόπο μέσω της εισρέουσας ακτινοβολίας του μακρόκοσμου, ότι δεν γίνεται πια αντιληπτή από τους πάλαι ποτέ φίλους της, από την οικογένειά της. Ο υλικός μακρόκοσμος ενεργεί στην ψυχή ως ένταση ακτινοβολίας και προσπαθεί να την κάνει να αναγνωρίσει την κατάστασή της. Η ψυχή θα πρέπει να καταλάβει τελικά ότι το περιβάλλον *που της ήταν άλλοτε αγαπητό* δεν της είναι πια απτό και ότι τώρα πια πρέπει να βαδίσει σταδιακά το δρόμο που προκαθόρισε ο άνθρωπός της μέσω της αποθηκευμένης συμπεριφοράς του. Η ακτινοβολία τη διεγείρει να βαδίσει το δρόμο της λήθης, διαμέσου του υλικού μακρόκοσμου, προς μια αντίστοιχη περιοχή κάθαρσης, προς εκείνο τον πλανητικό αστερισμό που έχει την ίδια δόνηση μ' αυτήν.

Όταν η ψυχή καταλάβει περί τίνος πρόκειται, νιώθει βαθμιαία την τάση προς άλλες καταστάσεις ζωής, δηλαδή άλλα στοιχεία διαβίωσης μέσα της, προς τις ενεργές αποθηκεύσεις της, τότε βαδίζει ενδέχομενως βήμα-βήμα το δρόμο της λήθης και αρχίζει να απομακρύνεται από το αλλοτινό της γήινο περιβάλλον. Κατά τη διαδικασία αυτή, πολλά πράγματα που της ήταν κάποτε σημαντικά, θα γίνουν πλέον ασήμαντα μέσα της. Ο δρόμος της λήθης σημαίνει μεταξύ άλλων βαθμιαία απαγκίστρωση – συχνά με πολύ κόπο – από όσα παρείχαν στην ψυχή του αλλοτινού ανθρώπου ασφάλεια και στήριγμα. Αργά, πολύ αργά, η ψυχή αποστασιοποιείται από την αλλοτινή ακτίνα δράσης της ως ανθρώπου. Βαδίζει το δρόμο, τον οποίο της υποδεικνύουν ο υλικός μακρόκοσμος και ένας πλανητικός αστερισμός στον κόσμο λεπτότερης ύλης.

Μια ψυχή που έχει μάθει να ερμηνεύει τις ακτινοβολίες και τις καθοδηγήσεις των δύο κόσμων, αρχίζει να αποκολλάται, ακόμα κι αν την έλκει προς το παρόν η νοσταλγία για αυτή την αλλοτινή επίγεια ζωή. Όμως, η επίγνωση, όσο πικρή κι αν είναι, θα είναι τότε ο δρόμος της, ο δρόμος της λήθης, ώστε να διορθώσει σε μια άλλη διάσταση αυτό που είναι ακόμα προσκολλημένο πάνω της. Η ψυχή αποκόβεται βαθμιαία από την αίσθηση κρύου και ζεστού, από τον ύπνο και το ξύπνημα, από οικεία αντικείμενα, από όμορφα τοπία, από τη χλιδάτη ζωή, από τη συνήθεια να καταναλώνει πολυτελή φαγητά και ποτά, καθώς π.χ. και από την αγαπημένη βολική πολυθρόνα στην οποία καθόταν επί ώρες ο άνθρωπός της και απολάμβανε τη θέα του ειδυλλιακού τοπίου.

Σε γενικές γραμμές, κάθε άνθρωπος και κάθε ψυχή πρέπει να βρουν μέσα τους και να ακολουθήσουν το δρόμο προς τις καταβολές τους, εκπληρώνοντας τους νόμους του Απείρου.

Προς επανάληψη: Μόλις η ψυχή αρχίσει να αποσύρεται από τις ανάγκες και τις συνήθειες του αλλοτινού της ανθρώπου, από βιοτικές συνήθειες και την πολυτελή ζωή, αρχίζει η λήθη. Ο ευαίσθητος άνθρωπος, ακολούθως, θα διαπιστώσει ότι η ψυχή δεν είναι πια κοντά. Όταν η ψυχή βαδίζει το δρόμο της λήθης ξυπνάνε μέσα της άλλες μνήμες. Είναι πτυχές εσφαλμένης συμπεριφοράς, που είναι μέρος όσων εγχαράχθηκαν σ' αυτήν. Σ' έναν λεπτότερης ύλης πλανητικό αστερισμό, η ψυχή καλείται να τις αναγνωρίσει, να μετανοήσει γι' αυτές και να τις αποβάλει σ' αυτό τον προσωρινό της τόπο προορισμού.

Στο δρόμο της λήθης προς ένα λεπτότερης ύλης πλανητικό αστερισμό, η ψυχή παρακινείται να διευθετήσει περαιτέρω ζητήματα, τα οποία φέρει μέσα της ως χάραξη. Κατά την πορεία της, αλλάζει επίσης η σωματική ακτινοβολία της. Η ψυχή προσλαμβάνει άλλα χαρακτηριστικά προσώπου. Φορά ένα πιο λεπτό ένδυμα, ένα αιθερικό περίβλημα, οι αποχρώσεις του οποίου αντιστοιχούν στην ακτινοβολία της συνείδησης της ψυχής και στους πλανητικούς αστερισμούς στο υπερπέραν, που κατατάσσονται σ' αυτήν.

«Η ζωή που εγώ ο ίδιος επέλεξα»

Ο δρόμος κάποιας άλλης ψυχής μπορεί να είναι ο εξής: Είναι πιθανόν ο αλλοτινός άνθρωπος, που έχει πλέον πεθάνει, να έχει δημιουργήσει μέσω της ψυχής του μια μήτρα στον υλικό κόσμο για να μετενσαρκωθεί ενδεχομένως όσο το δυνατό γρηγορότερα. Η ψυχή κατατοπίζεται ως προς τους νομοτελειακούς συσχετισμούς και της επισημαίνεται ότι οι επανειλημμένες ενσαρκώσεις δεν είναι θέλημα Θεού. Ανώτερα όντα δείχνουν στην ψυχή που πιέζει να γεννηθεί σ' ένα νέο φυσικό σώμα τη χάραξή της, τις τρέχουσες εσφαλμένες συμπεριφορές της ενάντια στη ζωή της ενότητας, της ελευθερίας, της αγάπης προς το Θεό και τον πλησίον, ώστε να μπορέσει να τις αναγνωρίσει, να μετανοήσει γι' αυτές και να τις διευθετήσει ήδη στο υπερπέραν. Κάμποσες ψυχές δεν το θέλουν αυτό, επειδή η μήτρα στέλνει ωθήσεις προς τις αλλοτινές ανθρώπινες εσφαλμένες συμπεριφορές, δηλαδή τις θέτει σε κίνηση. Κατόπιν αυτού, η ασύνετη ψυχή, παρά την κατατόπιση, ενδεχομένως θα εξετάσει τη δυνατότητα να αποκτήσει ξανά ένα νέο γήινο σώμα.

Τα φωτεινά όντα που τη συνοδεύουν υποδεικνύουν στην ψυχή τις ουσιώδεις πτυχές της ύπαρξής της ως νέου ανθρώπου, δηλαδή το τι την περιμένει σε περίπτωση που μετενσαρκωθεί.

Ένα ποίημα που αποδίδεται στον Έρμαν Έσσε μπορεί να βοηθήσει εμάς τους ανθρώπους να αναγνωρίσουμε ότι η ψυχή δεν είναι ποτέ μόνη της, ότι πάντα ενημερώνεται κατατοπιστικά, ότι πάντα καθοδηγείται, ότι πάντα κάτι τίθεται μέσα της σε κίνηση. Το ποίημα φέρει τον τίτλο: «Η ζωή που εγώ ο ίδιος επέλεξα»:

Προτού έρθω σ' αυτή την επίγεια ζωή,
μου φανερώθηκε πώς θα τη ζούσα.
Εκεί ήταν η στεναχώρια, εκεί ήταν η θλίψη,
εκεί ήταν η αθλιότητα και το βάρος
των βασάνων.
Εκεί ήταν το βίτσιο που θα με κυρίευε,
εκεί ήταν η πλάνη που με αιχμαλώτισε.
Εκεί ήταν η ξαφνική οργή, οπότε

μνησικακούσα, εκεί ήταν μίσος και υπερο-
ψία, περηφάνια και ντροπή.

Όμως εκεί ήταν και οι χαρές των ημερών,
που είναι γεμάτες φως και όμορφα όνειρα,
όπου δεν υπάρχει πια οδυρμός
ούτε ταλαιπωρία,
και παντού κυλάει η πηγή των δώρων.
Όπου η αγάπη, σε όποιον είναι ακόμα δέσμι-
ος σε γήινο ένδυμα,
τη μακαριότητα της αποδέσμευσης δωρίζει.
Όπου ο άνθρωπος, απαλλαγμένος από την
ανθρώπινη οδύνη, θωρεί τον εαυτό του
εκλεκτό ανώτερων πνευμάτων.

Μου φανερώθηκε το κακό και το καλό,
μου φανερώθηκε η πληθώρα
ελαττωμάτων μου,
μου φανερώθηκε η πληγή, απ' όπου ματώνω,
μου φανερώθηκε η αρωγός
δράση των αγγέλων.
Και καθώς ενατένιζα τη μελλοντική μου ζωή,
άκουσα ένα ον να ρωτά:

αν είχα το θάρρος να τα ζήσω όλα αυτά,
διότι είχε σημάνει πια η ώρα της απόφασης.

Και εκτίμησα άλλη μια φορά καθετί το
άσχημο –
«Αυτή είναι η ζωή, που θέλω να ζήσω!»,
απάντησα με αποφασισμένη φωνή
και πήρα πάνω μου σιωπηλά το νέο
μου πεπρωμένο.
Έτσι γεννήθηκα σ' αυτό τον κόσμο,
έτσι έγινε, όταν εισήλθα στην καινούρια ζωή.
Δεν παραπονιέμαι, όταν συχνά αυτή
δεν μου αρέσει,
διότι πριν γεννηθώ την είχα αποδεχτεί.

Και από τα λόγια του ποιήματος βλέπουμε ότι ως ψυχές ενημερωνόμαστε εκτενώς πριν από κάθε νέα ενσάρκωση για τα όσα μας περι-μένουν στην επίγεια ζωή, δηλαδή για τη θέση εκκίνησής μας ή για ορισμένες συγκυρίες της επίγειας ύπαρξης, για τις προδιαθέσεις μας και άλλα. Το πώς θα τα χειριστούμε, το αν, με βάση αυτά, θα εξελιχθούμε ή όχι προς το θετικό είναι και πάλι προσωπική ελευθερία του καθενός.

Έγινε ήδη λόγος για θεϊκά όντα, το λεπτοφυές σώμα των οποίων ονομάζεται πνευματικό ον. Αυτό το σώμα δομείται από σωματίδια, σε αντίθεση με το φυσικό μας σώμα που αποτελείται από κύτταρα, οστά, τένοντες, συνδέσμους, νεύρα και ούτω καθεξής.

Το θεϊκό σώμα είναι ένα απόλυτα εύκαμπτο κατασκεύασμα μέσα από το οποίο ακτινοβολεί η αμέτρητη αρχέγονη δύναμη, ο νόμος του αιώνιου Είναι, η Παν-συνείδηση. Η λεπιδοειδής κατασκευή ενός ψαριού βοηθάει να φανταστούμε τη σωματιδιακή δομή. Διότι, σαν λέπια, στρώμα με στρώμα, τα σωματίδια του θεϊκού σώματος είναι το ένα δίπλα και πάνω στο άλλο. Κάθε σωματίδιο διαπερνιέται από την ακτινοβολία του φωτός του σύμπαντος, από την Παν-συνείδηση, το νόμο του Βασιλείου του Θεού, που είναι πανταχού παρών. Το πνευματικό, θεϊκό σώμα λαμβάνει αδιάκοπα την αρχέγονη ακτινοβολία του Είναι μέσω του θεϊκού πυρήνα ουσίας, ο οποίος είναι η καρδιά του πνευματικού σώματος.

Η αρχέγονη Δύναμη του Είναι, η Κοσμική Παν-συνείδηση αποτελείται από επτά βασικές αρχέγονες δυνάμεις. Αφού ο Θεός είναι ενότητα, η κάθε ακτινοβολία της αρχέγονης δύναμης περιέχει την άλλη. Συνεπώς, οι επτά αρχέγονες δυνάμεις ακτινοβολούν στο Άπειρο μέσα από επτά επί επτά όψεις και δρουν, μεταξύ άλλων, σε όλα τα σωματίδια του πνευματικού σώματος, καθώς και σε κάθε εξελικτικό βήμα των διαφορετικών, ως προς τη συνείδησή τους, μορφών ζωής. Γι' αυτό, κάθε σωματίδιο είναι εμποτισμένο από την Κοσμική Παν-συνείδηση, το φως του Απείρου.

Η ιδιοσυγκρασία ενός πνευματικού όντος – εμείς οι άνθρωποι θα μιλούσαμε για χαρακτηριστικές ικανότητες – φαίνεται στην ακτινοβολία του, που πάντα συσχετίζεται με μία βασική δύναμη. Η ιδιοσυγκρασία που αντιστοιχεί σε μία από τις επτά βασικές δυνάμεις του Θεού –

την τάξη, τη θέληση, τη σοφία, τη σοβαρότητα, την υπομονή, ήτοι καλοσύνη, την αγάπη ή την ευσπλαχνία, ήτοι πραότητα – σφραγίζει, όπως ειπώθηκε, τη σωματιδιακή δομή του θεϊκού σώματος και εκφράζεται επίσης μέσα από το είδος των ενδυμάτων των πνευματικών όντων.

Από τον θεϊκό κόσμο γνωρίζουμε ότι σε κάθε άνθρωπο ενοικεί μια ψυχή με θεϊκές καταβολές, της οποίας η αιώνια πατρίδα είναι το Βασίλειο του Θεού. Μετά το σωματικό θάνατο του ανθρώπου, η ψυχή μας διαμένει σε λεπτότερης ύλης σφαίρες του υπερπέραν. Τόσο η ψυχή όσο και το πνευματικό σώμα των ουράνιων όντων έχουν σωματαδιακή δομή, μόνο που τα σωματίδια της ψυχής είναι σκιασμένα. Η ακτινοβολία της ψυχής αντιστοιχεί στις επιβαρύνσεις που της επέβαλε ο αλλοτινός άνθρωπος μέσω της αντιθετικής συμπεριφοράς του ενάντια στον Κοσμικό Παν-νόμο της αγάπης προς το Θεό και τον πλησίον. Εμείς οι άνθρωποι αποκαλούμε «αμαρτία» μια αντίθετη προς τον Θεό σκέψη και δράση. Οι αμαρτίες, λοιπόν, που ο άνθρωπος διέπραξε και δεν εξιλέωσε σκίασαν τα αντίστοιχα σωματίδια της ψυχής. Εκ των ανωτέρω προκύπτει: Όσο το πρωταρχικό, θεϊκό μας σώμα είναι επιβαρημένο από εμάς τους ανθρώπους, το αποκαλούμε ψυχή.

Σύμφωνα με την ακτινοβολία της – την ονομάζουμε επίσης αύρα ή κορώνα – η ψυχή φέρει τα ενδύματά της. Είναι αυτά που την περιβάλλουν, είναι ό,τι επιβαρύνσεις φέρει μέσα της και συνεπώς αντικατοπτρίζει. Πρόκειται για το τωρινό ενεργό αιθερικό ρευστό της. Οι διαφορετικές αποχρώσεις που χαρακτηρίζουν το είδος των επιβαρύνσεών της, ονομάζονται ενδύματα ψυχής· η ακτινοβολία της ψυχής έχει μια δόνηση όμοια μ' αυτά. Είναι το τωρινό ενεργειακό ένδυμα της ψυχής που την περιβάλλει.

Τα οδοιπορικά μονοπάτια της ψυχής

Όπως ο άνθρωπος έτσι και η ψυχή είναι σε οδοιπορία. Και αυτή μπορεί πάντα να επιλέξει ποιο δρόμο θέλει να πάρει. Είτε επιδιώκει να επιστρέψει σύντομα στην αιώνια πατρίδα στον λεπτοφυή μακρόκοσμο, στο Βασίλειο του Θεού, είτε μένει για αρκετό καιρό ως ψυχή σε μια περιοχή κάθαρσης που αντιστοιχεί στην ένταση της ακτινοβολίας της. Είναι επίσης ελεύθερη να αποφασίσει αν θα μετενσαρκωθεί. Ανεξάρτητα από την επιλογή που θα κάνει μεταξύ αυτών των δυνατοτήτων, η ψυχή περιβάλλεται πάντα από αυτά που της επέβαλε άλλοτε ο άνθρωπός της και τα οποία δεν έχουν ακόμα διευθετηθεί, δηλαδή εξαλειφθεί ως ενοχή.

Κάθε επίπεδο συνείδησης της ψυχής είναι η στιγμιαία κατάστασή της, που φαίνεται επίσης στο ένδυμά της, και που μετά από μια μετενσάρκωση θα υπάρχει μέσα στον νέο άνθρωπο ως ακτινοβολία της ψυχής του. Τις θετικές καθώς και τις αρνητικές της πλευρές τις φέρνει μαζί της, όταν πηγαίνει να ενσαρκωθεί. Κατά τη νέα εξελικτική πορεία της επίγειας ύπαρξής της, μερικές απ' αυτές θα ενεργοποιηθούν. Αυτό θα έχει διαδοχικές επιπτώσεις, όταν ο νέος άνθρωπος είναι σε θέση να διακρίνει το καλό από το κακό.

Η εξελικτική πορεία μιας μη ενσαρκωμένης ψυχής μπορεί να είναι η εξής: Όταν η ψυχή έχει διορθώσει, δηλαδή διευθετήσει σε μεγάλο βαθμό τα αρνητικά της γνωρίσματα που προσκολλούνται σ' αυτήν, δηλαδή τις κακές ιδιότητες του χαρακτήρα που αντιστοιχούσαν στην προσωπική εικόνα του αλλοτινού της ανθρώπου, τότε ακολουθούν ενδεχομένως τα επόμενα βήματα προς περαιτέρω ή και προς ανώτερους, φωτεινότερους πλανητικούς αστερισμούς. Η ψυχή αντιλαμβάνεται τις εκάστοτε συχνότητες μέσα στην τρέχουσα συνείδησή της. Ο στιγμιαίος τόπος διαμονής της αντιστοιχεί στο επίπεδο συνείδησής της. Παρακινείται να δει όσα επιβαρυντικά κολλάνε ακόμα πάνω της, για να τα διορθώσει.

Στην περαιτέρω πορεία του οδοιπορικού της, η ψυχή αναγκάζεται συχνά με οδυνηρό τρόπο να αντιληφθεί πάνω στο ψυχοσώμα της τα όσα της υποδεικνύει σαφώς η χάραξή της: π.χ τα αδικήματά της ενάντια σε ανθρώπους, τον βασανισμό ζώων, την κακόβουλη και εσκεμμένη θανάτωση ζώων ή την κατανάλωση της σάρκας τους. Παρόμοια, η βεβήλωση της φύσης και η εκμετάλλευση της Γης είναι καταγεγραμμένες στην ψυχή του λεγομένου αμαρτωλού, του αλλοτινού ανθρώπου, σαν εικόνες, και είναι πολλές φορές συνδεδεμένες με μαρτύρια και πόνους. Όσα έκανε ως άνθρωπος σε ανθρώπους, σε ζώα, σ' ολόκληρη τη μητέρα Γη, είτε είναι βάσανα, πόνοι, μαρτύρια και άλλα πολλά, πρέπει τώρα η ίδια να τα υπομείνει και να τα νιώσει στο δικό της σώμα. Αυτή είναι η λεγόμενη εξόφληση οφειλών.

Αν η ψυχή συνειδητοποιήσει τέτοιες και παρόμοιες επιβαρύνσεις, τότε φωτεινότερα όντα θα την κατατοπίσουν και πάλι σχετικά, έτσι όπως γινόταν πάντα κατά τη διάρκεια του οδοιπορικού της. Το συνειδησιακό ένδυμά της ξεδιπλώνεται μέσα από την ψυχή την ίδια, διότι κάθε ακτινοβολία, θετική ή αρνητική, έχει το χαρακτηριστικό της χρώμα και τη μορφή που ταιριάζει στη δόνηση της ψυχής. Αυτό που η ψυχή οφείλει να διευθετήσει προβάλλει ως επόμενο βήμα στο οδοιπορικό της. Αυτό θα γίνει ορατό μέσα στο ψυχοσώμα, δηλαδή στο ένδυμα ψυχής.

Σε όλα τα οδοιπορικά μονοπάτια της ψυχής αλλάζει η όψη του ψυχοσώματος και των ενδυμάτων της. Όσο περισσότερο η ψυχή αναπτύσσεται πνευματικά, όσο εκτενέστερα αναγνωρίζει τις εγχαράξεις της, μετανοεί γι᾽ αυτές, τις διευθετεί και τις εξοφλεί επώδυνα πολλές φορές, τόσο περισσότερο αλλάζει η λεπτότερης ουσίας σωματική δομή μέσω της μετατροπής της ενέργειας από το αρνητικό στο θετικό. Το σώμα από πιο λεπτή ουσία γίνεται πιο ανοιχτόχρωμο, τα ενδύματα ψυχής γίνονται πιο φωτεινά, τα χαρακτηριστικά του προσώπου πιο αρμονικά. Βήμα-βήμα, η οντότητα ψυχή πλησιάζει στην αληθινή, αιώνια πατρίδα της. Σταδιακά ξεδιπλώνεται η θεϊκή της υπόσταση, το λεπτοφυές πνευματικό ον.

Το τι θα αποφασίσει η ψυχή εξαρτάται τελείως από αυτήν. Αν ακολουθεί την ανώτερη επίγνωση να εξελιχθεί περαιτέρω πνευματικά, βαδίζοντας το δρόμο της αναγνώρισης και διευθέτησης της ενοχής της, τότε ό,τι κατώτερο, η ενοχή, θα μετασχηματιστεί από την Παν-συνείδηση, πράγμα που θα προσδώσει στην ψυχή μια υψηλότερη ένταση φωτός. Ό,τι δεν υπάρχει πια σαν αμαρτία, ήτοι ενοχή, έχει λοιπόν εξαλειφθεί και επομένως λησμονηθεί.

Αν, αντίθετα, μια ψυχή σκοπεύει να ενσαρκωθεί, τότε θα μεταβεί ξανά στα χαμηλά. Πλησιάζει εκ νέου στον υλικό μακρόκοσμο για να προβεί, εφόσον είναι δυνατό, σε νέα ενσάρκωση. Κάθε άνθρωπος, κάθε ψυχή, έχει ελεύθερη βούληση για μια ελεύθερη επιλογή. Αν η ψυχή επιστρέψει για μια περαιτέρω ενσάρκωση, τότε αυτό γίνεται, όπως ειπώθηκε, μέσω της μήτρας που δημιούργησε ο αλλοτινός της άνθρωπος. Και η μετενσάρκωση έχει ως επακόλουθο το ότι οι ανθρώπινες αναταράξεις των περασμένων ενσαρκώσεων δεν είναι συνειδητές κατ' αρχάς, δηλαδή είναι «ξεχασμένες». Ωστόσο, σ' αυτή την περίπτωση δεν έχει γίνει βέβαια κανένα βήμα στον εν λόγω δρόμο της λήθης· ψυχή και άνθρωπος δεν αφήνουν πίσω τους ό,τι είναι αμαρτωλό. Η αντίστοιχη ενοχή θα φανερωθεί κάποτε από τον νόμο της δράσης, τον νόμο σποράς και θερισμού. Ο δρόμος της λήθης σημαίνει τώρα τον δρόμο της φανέρωσης της ενοχής.

Μια ψυχή ενσαρκώνεται – άνθρωπος και ψυχή κρίνονται με βάση τις θεϊκές αρχές των Δέκα Εντολών και την επί του Όρους Ομιλία του Ιησού

Πώς γίνεται μια ενσάρκωση; Ένα παιδί γεννιέται. Όσα έζησε αυτή η ψυχή στον υλικό μακρόκοσμο και πιθανόν σε πλανητικούς αστερισμούς λεπτότερης ύλης και όσα φέρει μαζί της από προηγούμενες ενσαρκώσεις, είτε θετικά είτε αρνητικά, δεν είναι πια προσπελάσιμα προς το παρόν, είναι «ξεχασμένα». Το παιδί μεγαλώνει. Όταν, όπως ειπώθηκε, έχει μάθει να διακρίνει το καλό από το κακό, δηλαδή μετά από κάποια χρόνια γήινης ζωής, τότε κάμποσα στοιχεία που έφερε μαζί του από τις προηγούμενες ενσαρκώσεις οδηγούν σε αποτελέσματα, πράγμα που αυτός ο άνθρωπος καλείται να διορθώσει βήμα βήμα.

Εμείς οι άνθρωποι γνωρίζουμε τις Δέκα Εντολές του Θεού, που δόθηκαν μέσω του Μωυσή, καθώς και την επί του Όρους Ομιλία του Ιησού από τη Ναζαρέτ. Αυτές απαρτίζουν συνοπτικά τη ζωή και παρέχονται σε κάθε άνθρωπο ως δρόμος προς τον οίκο του Πατέρα. Η ζωή είναι αιώνια, γι' αυτό δεν είναι εδώ και εκεί· η ζωή είναι ενότητα, είναι το Κοσμικό Πνεύμα, ο Κοσμικός νόμος που εκφράζεται στις ακόλουθες αρχές: ισότητα, ελευθερία, ενότητα, αδελφοσύνη και δικαιοσύνη. Αυτές οι βιωμένες παν-αρχές, που σε τελική ανάλυση είναι ο δρόμος της επιστροφής στο αιώνιο Είναι, αγνοούνται από τους περισσότερους ανθρώπους. Όμως, ο άνθρωπος και η ψυχή του, που είναι και παραμένουν οδοιπόροι μέχρι να βυθιστούν μέσα στον πανίσχυρο ωκεανό του Παν-Ένα, μέσα στο νόμο της ενότητας, μετρούνται με βάση αυτές τις θεϊκές αρχές, που συμβολίζουν την ενότητα· και οι πράξεις του κάθε ατόμου ζυγίζονται αντίστοιχα. Αυτή είναι η αλήθεια, όπως μπορούμε να συμπεράνουμε και από την ακόλουθη γραφή:

«Ένας άνδρας πλησίασε τον Ιησού και Τον ρώτησε: Διδάσκαλε, τι καλό πρέπει να κάνω για να κερδίσω την αιώνια ζωή; Αυτός απάντησε: Γιατί Με ρωτάς για το καλό; Ένας και μόνο είναι ο «Αγαθός». Εάν όμως θέλεις να αποκτήσεις τη ζωή, να τηρείς τις εντολές! Τότε Τον ρώτησε: Ποιες; Ο Ιησούς απάντησε:

Να μην σκοτώσεις, να μην μοιχεύσεις, να μην κλέψεις, να μην ψευδομαρτυρήσεις, να τιμάς τον πατέρα και την μητέρα σου! Και: Να αγαπάς τον πλησίον σου όπως τον ίδιο τον εαυτό σου! Ο νεαρός Του αποκρίθηκε: Όλες αυτές τις εντολές τις τήρησα. Τι μου λείπει ακόμη;

Ο Ιησούς του απάντησε: Εάν θέλεις να είσαι τέλειος, πήγαινε και πούλησε τα υπάρχοντά σου και δώσε τα χρήματα στους φτωχούς· έτσι θα έχεις ένα μόνιμο θησαυρό στους ουρανούς, μετά έλα να Με ακολουθήσεις...

Τότε ο Ιησούς είπε στους μαθητές Του: Αμήν, αυτό σας λέγω: Ένας πλούσιος μόνο δύσκολα θα εισέλθει στο Βασίλειο των ουρανών. Άλλη μια φορά σας λέγω: Ευκολότερο είναι να περάσει μια καμήλα μέσα από την τρύπα μιας βελόνας παρά ένας πλούσιος να εισέλθει στο Βασίλειο του Θεού.»

Στον κόσμο μας πάντα υπήρχαν πολλοί πλούσιοι και στις μέρες μας υπάρχουν όλο και περισσότεροι πλούσιοι και γι' αυτό πολλές ψυχές που τείνουν ξανά και ξανά προς τη Γη, επειδή οι μήτρες τους, τα κουκούλια ακτινοβολίας τους, είναι προγραμματισμένα αναλόγως. Μια ψυχή που δεν μπορεί να αποχωριστεί τα χρήματα και τα αγαθά της, την υπόληψη και τα πλούτη, τρέφει ξανά και ξανά την ελπίδα να ενσαρκωθεί εκ νέου σ' αυτή την «όαση ευεξίας». Η ψυχή που ανήκει σε μια τέτοια φατρία χρημάτων και αγαθών, επιδιώκει ξανά και ξανά να ενσαρκωθεί σε μια λεγόμενη «επί μακρόν εύπορη οικογενειακή φατρία».

Κάποιοι από την οικογενειακή φατρία δημιουργούν μέσω γάμου και τεκνοποίησης μια κούνια για μια τέτοιου τύπου ψυχή, ώστε αυτή να μπορέσει ως άνθρωπος να βρεθεί και πάλι εκεί όπου ήταν σε μια προηγούμενη ενσάρκωση, σ' ένα περιβάλλον που είναι ακόμα το παν για την ψυχή. Κάποια στιγμή, όμως, η κούνια θα παραμείνει άδεια για μια τέτοια ψυχή που είναι παγιδευμένη στον κόσμο των επιθυμιών της ή θα χρησιμοποιηθεί από μια άλλη μακρινή ψυχή, δηλαδή θα ενσαρκωθεί σ' αυτήν μια ψυχή που δεν έχει κανένα δεσμό μ' αυτή την μεγάλη περιουσία. Ο άνθρωπος, του οποίου η ψυχή δεν εκτιμά περιουσίες, μπορεί να αποδεχτεί αυτή την τεράστια κληρονομιά ή να την οδηγήσει στο χάος. Μπορεί ακόμα μια εποχή ριζικών μεταβολών να στερήσει από τον άνθρωπο την δυνατότητα να διατηρήσει την περιουσία ή ακόμη και να την αυξήσει.

Στην επίγεια ύπαρξη δεν υπάρχει τίποτε το αιώνιο ούτε αιωνιότητα. Κανένας πλούτος δεν διατηρείται αιώνια. Η φθορά του χρόνου δεν διαβρώνει μόνο πλούσιους και πλούτη. Κάποτε όλα θα τελειώσουν. Η φθορά του χρόνου θα οδηγήσει το μεγαλειώδες, την «όαση ευεξίας», τα χρήματα και την περιουσία στο «μια φορά και έναν καιρό». Καμία ψυχή προσηλωμένη στη Γη δεν μπορεί να διατηρήσει σε βάθος χρόνου τον πλούτο του άλλοτε ανθρώπου της και να τον χρησιμοποιήσει ξανά και ξανά για τον ανθρώπινο εαυτό της με το να ενσαρκώνεται στην ίδια φατρία. Κάποτε θα υποφέρει ο άνθρωπος και, μετά την απενσάρκωση, η ψυχή του. Κάποτε θα βαρεθεί να είναι άνθρωπος της εξουσίας.

Κάθε άνθρωπος έχει να διανύσει την προσωπική του τροχιά στη ζωή και κάθε ψυχή αφήνεται εκτεθειμένη, μέχρι να καταλάβει τι σημαίνει ζωή και ότι χωρίς το «ξέχασμα» ανθρώπινων πραγμάτων και απολαύσεων δεν υπάρχει κανένας τρόπος απελευθέρωσης, πόσο μάλλον χωρίς την υπερνίκηση, τη μετάνοια και την επανόρθωση εσφαλμένων στάσεων έναντια στο νόμο της ενότητας.

Το αν αυτά που έχουμε ξεχάσει ως άνθρωποι έχουν μετασχηματιστεί μέσα στον «ψυχικό υπολογιστή» εξαρτάται αποκλειστικά από το αν επρόκειτο απλώς για γενικές ανάγκες, για συμβατικές συνήθειες εντός των τρισδιάστατων διαδικασιών ή αν επρόκειτο, όπως ειπώθηκε, για εσφαλμένες στάσεις ενάντια στη ζωή, δηλαδή για κάτι αμαρτωλό.

Ως αυτοβοήθεια ενδείκνυται η ακόλουθη συμβουλή: Να παρατηρούμε από κάπως μεγαλύτερη απόσταση όσα μας απασχολούν καθημερινά, τα γεγονότα και τις περιστάσεις, την επιδίωξη και την άσκηση εξουσίας. Αυτό ισχύει προπαντός για τα προσωπικά ζητήματα του καθενός μας, όχι σε σχέση με κάποιο άλλο πρόσωπο.

Ο λόγος που οδηγεί στη ζωή είναι ο δρόμος της αλήθειας. Υπάρχει μόνο μία αλήθεια – αυτή είναι ο Θεός, και ο Θεός είναι απέραντος. Στις καταβολές της ψυχής μας είμαστε θεϊκά όντα, δηλαδή πνευματικά όντα τα οποία δεν είναι δεμένα ούτε στο χώρο ούτε στο χρόνο. Κάθε πνευματικό ον είναι εξίσου κληρονόμος του Βασιλείου του Θεού και άρα ελεύθερο, απέραντο, χωρίς περιορισμούς. Το πνευματικό σώμα του θεϊκού όντος είναι ο συμπιεσμένος αιώνιος νόμος· γι' αυτό είναι θεϊκό, αλλά δεν είναι ο Θεός.

Κάθε θεϊκό ον κινείται ελεύθερα μέσα στο Παν, είναι λοιπόν ανεξάρτητο, καθότι ενσαρκώνει το νόμο της ζωής. Ζει μέσα στην Παν-αρχή που είναι ισότητα, ελευθερία, ενότητα, αδελφοσύνη, ήτοι αδελφικότητα, και δικαιοσύνη, απ' όπου προκύπτει μεταξύ άλλων και η απεριόρι-

στη εκπομπή και λήψη, η αέναη Κοσμική Παν-ε-
πικοινωνία. Το αιώνιο αγνό Είναι, είναι ο νόμος
του Απείρου. Αυτός είναι οι τροχιές πάνω στις
οποίες κινούνται τα πνευματικά όντα. Εμείς οι
άνθρωποι, ανάγοντάς το σε γήινα δεδομένα, θα
λέγαμε: είναι οι δρόμοι και τα μονοπάτια μας.

Γίνεται λοιπόν όλο και πιο σαφές: Δεν υπάρ-
χουν όρια για τα θεϊκά όντα· είναι μέσα στον
Θεό, τον Δημιουργό και αιώνιο Πατέρα τους,
απεριόριστα πνευματικά όντα στο αιώνιο Είναι.
Ο δρόμος προς το αιώνιο Είναι, είναι ο δρόμος
κάθε ψυχής, κάθε ανθρώπου. Όσο πιο νωρίς
τον βαδίσουμε, τόσο πιο γρήγορα θα είμαστε
στην αιώνια πατρίδα: θεϊκά όντα, αγνό, αιώνιο
Είναι, συμπιεσμένος αιώνιος Παν-νόμος. Κάθε
άνθρωπος, κάθε ψυχή, καθορίζουν οι ίδιοι πότε
και με πόσα εμπόδια θα βαδίσουν αυτό το δρό-
μο προς την απέραντη ενότητα. Ο Θεός είναι
ελευθερία. Αυτός δεν μας διατάζει.

Προκειμένου να αναγνωρίσουμε εμείς οι άν-
θρωποι την αγάπη και την ελευθερία του Θεού,
ο Αιώνιος, ο ουράνιός μας Πατέρας μας έδωσε

μέσω του Μωυσή τις Δέκα Εντολές, που είναι αποσπάσματα από τον αιώνιο νόμο της ελευθερίας. Σημειωτέον: λένε «εσύ καλείσαι να» και όχι «εσύ πρέπει να». Σ' αυτό έγκειται η ελευθερία του κάθε όντος. Η ελευθερία είναι ένα ουράνιο αγαθό που έχει τη ρίζα του στην αγάπη του Θεού. Εκεί γράφει: «Να αγαπάς τον Κύριο, τον Θεό σου με όλη σου την καρδιά, με όλη σου την ψυχή και με όλες σου τις δυνάμεις. Αυτή είναι η πιο σημαντική και η πρώτη εντολή. Εξίσου σημαντική είναι και η δεύτερη: Να αγαπάς τον πλησίον σου όπως τον ίδιο τον εαυτό σου.»

Η αληθινή ελευθερία φέρνει ισότητα και ειρήνη· η αληθινή ειρήνη φέρνει ενότητα και η ενότητα εμπεριέχει αδελφοσύνη, ήτοι αδελφικότητα. Η αδελφοσύνη, ήτοι αδελφικότητα, εμπεριέχει και τη δικαιοσύνη, διότι μπροστά στο πρόσωπο του Θεού όλα τα παιδιά Του είναι ίσα. Αυτός είναι ο δρόμος προς το Βασίλειο του Θεού και δεν υπάρχει κανένας άλλος.

Αγαπητοί συνάνθρωποι, ο καθένας μας έχει μέσα στην ψυχή του ένα μοναδικό θησαυρό, έναν θαυμάσιο Οδηγό και Συνοδό. Είναι το

Πνεύμα του Χριστού του Θεού, το λυτρωτικό φως που λάμπει για εμάς κατά την πορεία μας μέσα από τον υλικό κόσμο, μέσα από τον λεπτότερης ύλης κόσμο, μέχρι να να βυθιστούμε στον πανίσχυρο ωκεανό Θεός, στο Παν-νόμο του αιώνιου Είναι και να ξαναβρεθούμε παντοτινά σπίτι μας, στις ουράνιες κατοικίες, τις οποίες μας προανήγγειλε ο Ιησούς από τη Ναζαρέτ: «Στον οίκο του Πατέρα Μου υπάρχουν πολλές κατοικίες. Αν δεν ήταν έτσι, τότε θα σας έλεγα: πηγαίνω να προετοιμάσω τόπο για εσάς;»

Ας ευχηθούμε αμοιβαία έναν ασφαλή δρόμο προς τον αιώνιο οίκο του Πατέρα!

Γκαμπριέλε

Επίλογος

Ο δρόμος της λήθης ρίχνει νέο φως στη σημασία των γήινων ημερών μας. Δεν πρέπει να παραβλέψουμε τίποτα από αυτά για τα οποία φέρουμε ευθύνη. Μόνο όταν μέσω της αυτογνωσίας και της διευθέτησης αναιρέσουμε, δηλαδή εξαλείψουμε αυτά για τα οποία φταίμε, τότε θα παραδοθούν εξ ολοκλήρου στη λήθη. Μετά από αυτό, ο Χριστός του Θεού θα έχει μετουσιώσει καθετί κακό σε φωτεινή και λεπτοφυή μορφή ενέργειας.

Σ' αυτές τις διαδικασίες δεν μπορούμε να αποφύγουμε την επίπονη προσπάθεια αυτοελέγχου και επεξεργασίας. Πρόκειται, σημειωτέον, για το γεγονός ότι μας επιτρέπεται να λησμονήσουμε! Στο να το επιτελέσουμε με σωστό τρόπο, έγκειται η προσωπική μας ευθύνη απέναντι στη ζωή και στο οικουμενικό Πνεύμα, τον ουράνιο Πατέρα μας. Αυτά τα Κοσμικά δρώμενα καθιστούν την κάθε ώρα, το κάθε λεπτό της επίγειας ζωής μας εξαιρετικά πολύτιμα.

Gabriele

Διαβάστε επίσης...

Το μήνυμα από το σύμπαν

Η προφητεία
του Θεού σήμερα.
Δεν είναι ο λόγος
της Βίβλου

Τα μηνύματα από το σύμπαν περιέχουν απαντήσεις στα βασικά ερωτήματα του ανθρώπου που δεν έχουν επεξηγηθεί στην Βίβλο: περί του νοήματος και του σκοπού της επίγειας ζωής, της ελευθερίας του κάθε όντος, περί αιτίας και αποτελέσματος, περί της αθανασίας της ψυχής και της μετενσάρκωσής της σε διάφορες γήινες ζωές· περί της λυτρωτικής πράξης του Χριστού, περί της ατέλειωτης αγάπης του Θεού προς κάθε άνθρωπο και προς ολόκληρη τη δημιουργία, και πολλά άλλα.

Διαβάστε οι ίδιοι τα μηνύματα από το σύμπαν που δόθηκαν μέσω της Γκαμπριέλε, της προφήτισσας και πρέσβειρας του Θεού για την εποχή μας.

270 σελίδες, χαρτόδετο, ISBN 978-9963-2987-0-9.

Μετενσάρκωση

Ένα δώρο χάριτος
της Ζωής

Ανέκαθεν τα αισθήματα και τα προαισθήματα των ανθρώπων περιστρέφονται γύρω από ερωτήματα που αφορούσαν την καταγωγή και τον προορισμό μας, το νόημα και τον σκοπό της ζωής μας. Σπάνια όμως απαντήθηκαν με τέτοια σαφήνεια και ακρίβεια, όπως συμβαίνει σήμερα μέσω της Γκαμπριέλε, της διδασκάλου-προφήτισσας και πρέσβειρας του Θεού για την εποχή μας. Η μετενσάρκωση είναι μια γνώση που αλλάζει τη ζωή και η οποία ήταν μέρος της πίστης των πρώτων χριστιανών.

104 σελίδες, χαρτόδετο, ISBN 978-9963-2987-2-3.

Δεν είσαι εγκαταλειμμένος

Ο Θεός είναι κοντά σου με λόγια και με έργα

Ο Θεός είναι κοντά μας με λόγια και έργα.

Αυτό το μικρό εικονογραφημένο βιβλίο μάς μεταφέρει αυτή τη βαθιά αλήθεια με τρόπο εντυπωσιακό. Περιέχει αποκαλύψεις που μας δόθηκαν από τον ουράνιό μας Πατέρα και τον Λυτρωτή μας, τον Χριστό. Σ' αυτό το βιβλίο μάς δίνονται βαθύτατες διδασκαλίες που προέρχονται από την Παν-σοφία και πρακτικές υποδείξεις για να προχωρήσουμε πνευματικά στον δρόμο της εξέλιξης της συνείδησης. Οι θεϊκές αυτές αποκαλύψεις είναι ένας αληθινός θησαυρός για όσους αναζητούν τον Θεό. Τα λόγια του Θεού είναι πνευματικά κοσμήματα που προέρχονται από την αιώνια πηγή της Αλήθειας.

94 σελίδες, χαρτόδετο, ISBN 978-9963-2987-1-6.

Ευχαρίστως σας στέλνουμε
τον επίκαιρο κατάλογο βιβλίων μας,
καθώς και δωρεάν αποσπάσματα ανάγνωσης
για πολλά θέματα

Gabriele-Verlag Das Wort
Max-Braun-Str. 2, 97828 Marktheidenfeld
Γερμανία
www.gabriele-publishing.com